Чарівні рецепти червоного оксамиту

100 ЧАРІВНИХ РЕЦЕПТІВ, НАТХНЕННИХ КЛАСИЧНИМ ТОРТОМ «ЧЕРВОНИЙ ОКСАМИТ»

Руслана Панадій

ЗМІСТ

ЗМІСТ 3

ВСТУП 7

СНІДАНОК 9

1. Червоні оксамитові млинці на кефірі 10

2. Чаші для смузі 13

3. Червоні оксамитові млинці з сирною начинкою 15

4. Булочки з червоним оксамитом і корицею 17

5. Запечені червоні оксамитові пончики 20

6. Листковий червоний оксамитовий млинець 22

7. Сирна вафля 24

8. Французькі тости з червоного оксамиту 26

Гарячий шоколад Червоний оксамит 28

10. Червоний оксамитовий банановий хліб 30

11. Червоний оксамит Mochi Waffle 32

12. Червоний оксамит Гарячий м'ятний шоколад 34

13. Вівсянка червоного оксамиту 36

14. Червоний оксамит малинове і мигдальне молоко 38

15. Червоні оксамитові мариновані яйця 40

16. Червоний оксамит латкес 42

17. Червоний оксамитовий хеш 44

18. Червоний оксамитовий сніданок піца 46

ПРЕДРЕЛЛА І ЗАГРИСЬКА 48

19. Червоні оксамитові бомби 49

20. Гарбузові батончики 51

21. Протеїнові батончики Червоний оксамит Fudge 53

22. Червоний оксамит Puppy Chow 55

23. Червоний оксамит Party Mix 57

24. Кулі для торта з червоного оксамиту 59

25. Чашки з червоного оксамиту 62

26. Червона оксамитова сирна кулька 64

27. Брауні з чізкейком 66

28. Попкорн 69

29. Кріспі з червоним оксамитовим рисом 71

30. Чіпси червоного оксамиту 73

31. Ріпа кріп і часник 75

32. Салат-закуска 77

33. Ріпа човни 80

34. Оладки 82

ОСНОВНА СТРАВА **84**

35. Суп з червоного оксамиту 85

36. Салат «Червоний оксамит» з буряком і моцарелою 87

37. Курячі пальчики 89

38. Бургер з червоного оксамиту 91

39. Червона оксамитова скумбрія з буряком 94

40. Різотто 97

45. Червоні оксамитові ковзани 99

46. Креветки з амарантом і козячим сиром 102

47. Смажені морські гребінці та капуста під соусом зі свіжого буряка 105

СУП **108**

48. Борщ буряковий 109

49. Щі з капустою і буряком 111

50. Суп з буряка і маслюки 113

51. Буряк каррі 115

52. Крем-суп буряковий 117

53. Суп зі шпинату та буряка 120

54. Суп 123

САЛАТИ **125**

55. Буряк з апельсиновою гремолатою 126

56. Буряк із зеленню та нарізаними абрикосами 128

57. Салат з буряка та фенхелю 131

58. Салат з буряка та фундука 133

59. Салат з буряка та помідорів 135

60. Мікс зеленого салату з буряком 137

61. Салат «Веселка» з буряком і фісташками 140

62. Салат «Рожево 142

63. Салат з жовтого буряка з грушами 145

64. Салат з буряка та тофу 148

65. Салат з грейпфрутом, буряком і блакитним сиром 150

66. Червоний оксамит Картопляний салат 152

67. Салат з буряка з козячим сиром і волоськими горіхами 154

СТОРІНКИ **158**

68. Смажені коренеплоди 159

69. Буряк у великому марнье 161

70. Буряк в сметані 163

71. Червоний оксамит Журавлина ріпа 165

72. Червоний оксамит Мед буряк 167

73. Печені скибочки буряка 169

ДЕСЕРТ **171**

74. Капкейки 172

75. Крижаний червоний оксамитовий торт 174

76. Торт «Червоний оксамит» 176

77. Червоне оксамитове морозиво 179

78. Шоколадне печиво 181

79. Вафельне морозиво 184

80. Міні чізкейки 187

81. Мафіни з вершковим сиром «Червоний оксамит» 191

82. Червоний оксамит малиновий тарт 194

83. Суфле з червоного оксамиту 197

84. Мус для чізкейку 200

85. Червоний оксамит - Berry Cobbler 203

86. Фруктовий торт «Червоний оксамит» 206

87. Бісквіт 209

88. Червоний оксамит Макаронс 211

89. Пиріг із коробки з льодом з червоного оксамиту 214

90. Червоний оксамит Буряковий пиріг 216

91. Гратен з ріпи 218

92. Суфле бурякове 220

93. Червоний оксамит Буряковий мус 222

94. Горіховий хліб 224

КОКТЕЙЛІ ТА СМУЗІ **226**

95. Торт «Червоний оксамит» Мартіні 227

96. Моктейль з червоного оксамиту мохіто 229

97. Шоколадний коктейль «Червоний оксамит» 231

98. Коктейль 233

99. Червоний оксамитовий смузі 235

100. Червоний оксамит Буряково-банановий смузі 237

ВИСНОВОК **239**

ВСТУП

Ласкаво просимо до Чарівні рецепти червоного оксамиту, свята всього, що стосується червоного оксамиту! Незалежно від того, чи є ви давнім шанувальником цього смачного десерту, чи новачок, у цій кулінарній книзі знайдеться щось для кожного. Ми пропонуємо вам від класичних тортів і тістечок до унікальних варіантів пікантних страв.

Останнім часом червоний оксамит став популярним ароматом завдяки його яскравому кольору та насиченому приємному смаку. Не дивно, чому він є улюбленим для особливих випадків, таких як День святого Валентина чи Різдво. Але навіщо обмежуватися кількома днями на рік? За цим рецептом ви зможете насолоджуватися декадентським смаком червоного оксамиту в будь-який день тижня.

Ми зібрали добірку рецептів, які неодмінно задовольнять вашу тягу до червоного оксамиту. Незалежно від того, чи є у вас настрій чогось солодкого чи солоного, у вас є рецепт. Наш класичний пиріг «Червоний оксамит» із його вологими й ніжними крихтами та гострою сирною глазур'ю — обов'язковий до спроби. Але навіщо зупинятися на цьому? Наші млинці «Червоний оксамит» ідеально підходять для перекусу на вихідних, а вафлі «Червоний оксамит» — це веселий варіант класичного сніданку.

І не забуваймо про солодку сторону червоного оксамиту. Наше смажене курча з червоного оксамиту приваблює публіку своїм хрустким зовнішнім виглядом і соковитим, ароматним м'ясом. Або спробуйте наш Чарівні рецепти червоного оксамитуand Cheese для унікального та смачного варіанту класичної комфортної їжі.

Незалежно від того, чи ви досвідчений пекар, чи новачок на кухні, наші прості рецепти та покрокові інструкції допоможуть вам створити смачні страви з червоного оксамиту. А завдяки приголомшливим фотографіям у книзі ви надихнетеся спробувати нові рецепти та створити власні шедеври з червоного оксамиту.

Так чого ви чекаєте? Давайте поринемо у світ червоного оксамиту та відкриємо всі чудові можливості, які він пропонує!

СНІДАНОК

1. Червоні оксамитові млинці на кефірі

Приготування: 4 порції

ІНГРЕДІЄНТИ:

Одягання
- ½ склянки звичайного кефіру
- 2 столові ложки цукрової пудри

МЛИНЦІ
- 1¾ склянки старомодного плющеного вівса
- 3 столові ложки какао-порошку
- 1½ чайної ложки розпушувача
- 1 чайна ложка соди
- ¼ чайної ложки солі
- 3 столові ложки кленового сиропу
- 2 столові ложки кокосової олії, розтопленої
- 1½ склянки 2% нежирного молока
- 1 велике яйце
- 1 чайна ложка червоного харчового барвника
- Шоколадна стружка або чіпси для подачі

ІНСТРУКЦІЇ:

a) Для заправки додайте обидва інгредієнти в невелику миску і перемішайте до однорідності. Відкласти.

b) Для млинців додайте всі інгредієнти у високошвидкісний блендер і перемішайте на високій швидкості до розрідження. Переконайтеся, що все добре перемішано.

c) Дайте тісту відпочити 5-10 хвилин. Це дозволяє всім інгредієнтам з'єднатися і надає тісту кращої консистенції.

d) Сковороду з антипригарним покриттям або сковороду рясно збризніть рослинним маслом і розігрійте на середньому вогні.

e) Коли сковорода розігріється, додайте тісто за допомогою мірної чашки на ¼ склянки та вилийте тісто на сковороду, щоб зробити млинці. Використовуйте мірний стакан, щоб сформувати млинець.

f) Випікайте 3 хвилини, поки боки не стануть твердими, а в центрі не утворяться бульбашки, потім переверніть млинець.

g) Коли млинець приготується з цього боку, зніміть його з вогню і покладіть на тарілку.

h) Продовжуйте ці дії з рештою тіста.

i) Зберіть і подавайте із заправкою та шоколадною стружкою.

2. <u>Чаші для смузі з червоного оксамиту</u>

ІНГРЕДІЄНТИ:
- 1 печений буряк, охолоджений
- 1 стакан замороженої вишні
- 1 банан, нарізаний і заморожений
- ¼ склянки молока
- 3 столові ложки какао-порошку
- 1 ложка меду
- Ідеї начинки: фрукти/буряк у формі серця, банан, насіння, горіхи, кокос

ІНСТРУКЦІЇ:
a) Змішайте всі інгредієнти в блендері до однорідності, додаючи більше молока та меду, якщо потрібно, щоб отримати густоту та солодкість на свій смак.
b) Посипте улюбленими горіхами/насінням, бананом і какао.

3. Червоні оксамитові млинці з сирною начинкою

Приготування: 10-12 млинців

ІНГРЕДІЄНТИ:

- 2 яйця
- 1 стакан молока
- ½ склянки води
- ½ чайної ложки солі
- 3 столові ложки вершкового масла, розтопленого
- 1 чайна ложка цукру
- 1 чайна ложка ванільного екстракту
- 1 стакан борошна
- 1½ столової ложки какао-порошку
- 5 крапель червоного харчового барвника, за бажанням
- Начинка/топінг із вершкового сиру

ІНСТРУКЦІЇ:

a) Змішайте яйця, молоко, воду, сіль, цукор, ваніль і 3 столові ложки розтопленого вершкового масла в блендері та збивайте до утворення піни приблизно 30 секунд.

b) Додати борошно і какао-порошок і перемішати до однорідності.

c) У цей момент додайте харчовий барвник, якщо він використовується. Вам потрібно буде зробити тісто трохи легшим, ніж ви хочете, щоб був кінцевий продукт.

d) Поставте тісто в холодильник на 30 хвилин або на ніч.

e) Коли ви будете готові готувати млинці, розігрійте 1 столову ложку вершкового масла на сковороді для млинців або іншій неглибокій сковороді. Переконайтеся, що масло покриває всю поверхню сковороди, перш ніж додати ¼ склянки тіста для млинців і покрутити його, щоб покрити поверхню сковороди.

f) Готуйте млинці одну хвилину, обережно переверніть їх, а потім готуйте іншу сторону півхвилини.

g) Прикрасити шоколадним соусом і вершково-сирною начинкою.

4. Червоний оксамит і булочки з корицею

Виробництво: 24 рулону

ІНГРЕДІЄНТИ:
ДЛЯ РОЛІВ З КОРИЦЮ
- 4½ чайної ложки сухих дріжджів
- 2-½ склянки теплої води
- Коробка 15,25 унцій суміші для торта «Червоний оксамит».
- 1 чайна ложка ванільного екстракту
- 1 чайна ложка солі
- 5 склянок борошна універсального призначення

ДЛЯ ЦУКРОВОЇ СУМІШІ КОРИЦЯ
- 2 склянки фасованого коричневого цукру
- 4 ложки меленої кориці
- ⅔ склянки розм'якшеного вершкового масла

ДЛЯ ГЛАЗУРІ ВЕРШКОВОГО СИРУ
- 16 унцій вершкового сиру, розм'якшеного
- ½ склянки розм'якшеного вершкового масла
- 2 склянки цукрової пудри
- 1 чайна ложка ванільного екстракту

ІНСТРУКЦІЇ:
a) У великій мисці змішайте дріжджі та воду, поки вони не розчиняться.

b) Додати суміш для кексу, ваніль, сіль і борошно. Добре перемішати - тісто буде трохи липким.

c) Щільно накрийте миску поліетиленовою плівкою. Дайте тісту піднятися одну годину. Роздавіть тісто і дайте йому піднятися ще 45 хвилин.

d) На злегка присипаній борошном поверхні розкачайте тісто у великий прямокутник товщиною приблизно ¼ дюйма. Рівномірно розподіліть масло по тісту.

e) У середній мисці змішайте коричневий цукор і корицю. Посипте суміш коричневого цукру поверх вершкового масла.

f) Згорнути як желе, починаючи з довгого краю. Розріжте на 24 однакові частини.

g) Змастіть два дека розміром 9x13 дюймів. Розкладіть плоскі рулетики з корицею у формочки. Накрийте кришкою і дайте піднятися в теплому місці, поки воно не збільшиться вдвічі.

h) Розігрійте духовку до 350°F.

i) Випікайте 15-20 хвилин або до готовності.

j) Поки булочки з корицею випікаються, приготуйте глазур з вершкового сиру, змішавши вершковий сир і масло в середній мисці до кремоподібного стану. Додайте ваніль. Поступово додайте цукрову пудру.

5. Червоний оксамит запечений пончик

Робить: 14-16 пончиків

ІНГРЕДІЄНТИ:
- 2 ¼ склянки борошна
- 1 столова ложка розпушувача
- ½ чайної ложки солі
- ⅔ склянки цукру
- 1 яйце
- 2 столові ложки рослинного масла
- 2 столові ложки какао-порошку
- 1 чайна ложка ваніліну
- ½ склянки знежиреного молока
- Червона м'яка гелева паста
- глазурувати

ІНСТРУКЦІЇ:
a) Розігрійте духовку до 350 градусів.
b) Збризніть форму для пончиків кулінарним спреєм і відставте.
c) У середній мисці змішайте борошно, розпушувач і сіль.
d) Добре перемішайте і відставте.
e) Змішайте цукор, яйце і рослинне масло у великій мисці.
f) Додайте какао-порошок і ваніль і добре перемішайте.
g) Повільно перемішуйте молоко, поки воно добре не з'єднається.
h) Додайте сухі інгредієнти, приблизно по півсклянки за раз, добре перемішуючи після кожного додавання.
i) Додайте кілька крапель червоного харчового барвника і перемішуйте, поки тісто не придбає бажаний колір.
j) Покладіть тісто в пакет на блискавці та закрийте.
k) Відріжте кінець і вставте у форму для пончиків, наповнюючи кожну чашку для пончиків на ⅔.
l) Випікати 12-15 хвилин, стежачи, щоб пампушки не підрум'янилися.
m) Верхівки пончиків умочіть в глазур і посипте сердечками або посипаннями.

6. Червоний оксамитовий листковий млинець

Приготування: 4 порції

ІНГРЕДІЄНТИ:
ДЛЯ МЛИНЦІВ:
- 4 великих яйця
- 1 стакан молока
- ¾ склянки + 2 столові ложки борошна універсального призначення
- 2 столові ложки какао-порошку
- ¼ склянки цукрового піску
- ¼ чайної ложки кошерної солі
- 1 чайна ложка ванільного екстракту
- 2 столові ложки несолоного вершкового масла
- ½ чайної ложки червоного гелевого харчового барвника
- Кулінарний спрей
- глазурувати

ІНСТРУКЦІЇ:
a) Розігрійте духовку до 400 градусів F
b) Помістіть яйця, молоко, борошно, какао-порошок, цукор, сіль і ваніль у блендер; перемішайте до повного поєднання. Додайте харчовий барвник і перемішуйте 30 секунд.
c) Розігрійте 10-дюймову чавунну сковороду або сковороду з антипригарним покриттям на середньому сильному вогні. Додайте вершкове масло і розтопіть його. Вилийте тісто на сковороду. Поставте блюдо в духовку і випікайте до золотистої скоринки, набухання і запікання приблизно 20-25 хвилин.
d) Поки млинець знаходиться в духовці, приготуйте сирну глазур. Змішайте вершковий сир і масло міксером до повного з'єднання, 1-3 хвилини. Додайте молоко та збийте, щоб з'єднати. Повільно додайте цукрову пудру і перемішайте до утворення глазурі. Якщо необхідно, ви можете додати більше молока по чайній ложці, щоб глазур стала густішою.
e) Наріжте млинець скибочками та подавайте, посипавши глазур'ю з вершкового сиру та фруктами.

7. червоний оксамит сирні вафлі

Приготування: 3 вафлі

ІНГРЕДІЄНТИ:
- 1 яйце
- 1 унція вершкового сиру
- 2 столові ложки кокосового борошна
- 1 столова ложка пахти
- 2 чайні ложки підсолоджувача без цукру
- ½ чайної ложки розпушувача
- ½ чайної ложки какао-порошку
- червоний харчовий барвник

ІНСТРУКЦІЇ:
a) Розігрійте вафельницю.

b) Збити всі інгредієнти. Додайте кілька крапель червоного харчового барвника, щоб отримати бажаний відтінок рожевого або червоного.

c) Налийте приблизно ⅓ червоного оксамитового тіста у вафельницю, якщо використовуєте міні-вафельницю.

d) Закрийте вафельницю і дайте їй готуватися 3-5 хвилин або поки вафлі не стануть золотисто-коричневими і застигнуть.

e) Вийміть чафл з вафельниці і подавайте.

8. Французький тост з червоного оксамиту

Продукти: 4

ІНГРЕДІЄНТИ
- 8 шматочків бріоші
- 3 великих яйця
- 1 склянка вершків 10% MF
- 2 столові ложки цукрової пудри
- 1 столова ложка ванільного екстракту
- 2 столові ложки какао-порошку
- 2-3 столові ложки червоного харчового барвника
- ¼ чайної ложки солі
- 2-3 столові ложки масла або олії для смаження
- Глазур з вершкового сиру

ІНСТРУКЦІЯ
a) Розігрійте духовку до 250F. Викладіть скибочки бріоші на деко і випікайте 15-20 хвилин або поки вони трохи не підсохнуть. Повністю остудіть часточки. Змішайте яйця, вершки, цукор, ванілін, какао-порошок, харчовий барвник і сіль до утворення піни.

b) Вилийте яєчну суміш на шматочки.

c) Кожні кілька хвилин перевертайте скибочки та викладайте суміш, поки майже вся вона не вбереться. Приблизно 10 хвилин.

d) Розігрійте сковороду на середньому вогні. Додайте вершкове масло, потім викладіть скибочки на сковороду. Готуйте по 2-3 хвилини з кожного боку або до золотистої скоринки.

9. Гарячий шоколад Червоний оксамит

Продукти: 6

ІНГРЕДІЄНТИ:
- 14 унцій підсолодженого згущеного молока
- 1 стакан жирних вершків
- 6 склянок незбираного молока
- 1 стакан напівсолодкої шоколадної стружки
- 1 столова ложка ванільного екстракту
- 1 столова ложка вершкового сиру
- 4 краплі червоного харчового гелю

ІНСТРУКЦІЇ:
a) Додайте підсолоджене згущене молоко, шоколадну стружку, вершки, молоко та ванільний екстракт у повільну плиту та варіть на слабкому вогні 3 години, помішуючи щогодини. Шоколад і молоко в мультиварці

b) Коли шоколад розтане, додайте вершковий сир і червоний харчовий барвник.

c) За бажанням продовжуйте готувати або зменшіть вогонь до нагрівання та подавайте. Шоколад в мультиварці

d) Якщо суміш занадто густа на ваш смак, ви можете розбавити її ще молоком або водою. Червоний оксамит гарячий шоколад у прозорій чашці

10. Червоний оксамитовий банановий хліб

Спосіб приготування: 2 буханки хліба

ІНГРЕДІЄНТИ:
- 1 коробка суміші для торта Червоний оксамит
- 3 великих яйця
- ⅓ склянки олії
- 1½ склянки бананового пюре, приблизно 3-4 банани
- 1 склянка нарізаних пекан

ІНСТРУКЦІЇ:
a) Розігрійте духовку до 350ºF. Дві форми для випікання хліба змастити жиром і посипати борошном.
b) Змішайте суху суміш для кексів, яйця, олію, бананове пюре та нарізані горіхи пекан до однорідності. Розлийте тісто в підготовлені форми.
c) Випікайте від 30 до 35 хвилин або поки зубочистка, вставлена в центр, не вийде чистою.
d) Вийміть з духовки на решітку для охолодження за 10 хвилин до виймання з форми.
e) Повністю остудіть на решітці. За бажанням посипати цукровою пудрою.

11. Червоний оксамит Mochi Waffle

Робить: 8 порцій

ІНГРЕДІЄНТИ:
ДЛЯ ВАФЕЛЬ ЧЕРВОНИЙ ОКСАМИТ МОСНІ
- 1 ½ склянки молока
- 2 яйця
- 2 столові ложки червоного харчового барвника
- 1 чайна ложка ванільного екстракту
- ½ чайної ложки дистильованого білого оцту
- 2 ½ склянки борошна мотіко
- ½ склянки цукрового піску
- 1 столова ложка розпушувача
- 1 столова ложка какао-порошку
- ½ чайної ложки солі

ІНСТРУКЦІЇ:
a) Розігрійте вафельницю.
b) У миску середнього розміру додайте вологі інгредієнти та перемішайте до повного з'єднання. Відкласти.
c) Потім додайте сухі інгредієнти у велику миску.
d) Збийте, поки добре не з'єднається.
e) Додайте вологі інгредієнти до сухих і перемішайте до однорідності.
f) Збризніть поверхню вафельниці антипригарним кулінарним спреєм. Виливаємо тісто у вафельницю і готуємо до легкої рум'яності.

12. Червоний оксамит Гарячий м'ятний шоколад

Кількість: 5 чашок

ІНГРЕДІЄНТИ
- 4 склянки половина вершків
- 7 унцій білого шоколаду для випічки, подрібненого
- 2 унції подрібненого молочного шоколаду
- ¼-½ чайної ложки червоного харчового барвника
- ¼-½ чайної ложки екстракту перцевої м'яти
- Щіпка солі
- Цукерки та зефір

ІНСТРУКЦІЇ:
a) У великій каструлі нагрійте вершки на середньому вогні, поки навколо стінок каструлі не почнуть утворюватися бульбашки.

b) Зняти з вогню; змішайте шоколад, харчовий барвник, екстракт і сіль до однорідності. Поверніться до вогню; варіть і помішуйте, поки не нагріється.

c) Розливаємо по чашках; зверху цукерки і зефір.

13. Червона оксамитова вівсянка

Продукти: 6

ІНГРЕДІЄНТИ
- 1 ½ склянки вівса
- 1 стакан пахти
- 2 ½ склянки молока
- 2 ложки цукру
- 1 ½ столової ложки какао-порошку
- ¼ чайної ложки солі
- 2-3 краплі червоного харчового барвника
- 1 чайна ложка ванільного екстракту

ПЕРЕВ'ЯЗОК
- Гранатові арили
- Шматочки шоколаду
- Фрукти на ваш вибір
- горіхи

ІНСТРУКЦІЯ
a) Додайте в каструлю молоко, цукор, сіль, ванільний екстракт і какао-порошок
b) Перемішайте і поставте вогонь на середній.
c) Додайте овес до суміші молока та какао.
d) Додати харчовий барвник і варити на середньому рівні до повної готовності.
e) Для повного приготування потрібно приблизно 6 хвилин. Постійно помішуйте, щоб не пригоріло.
f) Подавайте з більшою кількістю молока та начинками на ваш вибір.

14. червоний оксамит малинове і мигдальне молоко

Продукти: 3

ІНГРЕДІЄНТИ:
- 1 стакан замороженої малини
- ¼ чашки колагенових пептидів
- ¼ склянки MCT олії
- 2 столові ложки насіння чіа
- 1 чайна ложка бурякового порошку
- 1 чайна ложка органічного екстракту ванілі
- 4 краплі рідкої стевії
- 1 ½ склянки мигдального молока, несолодкого

ІНСТРУКЦІЇ:
a) З'єднайте всі інгредієнти в потужному блендері та перемішайте до однорідності.
b) Розлийте в 3 порційні миски і подавайте з улюбленим гарніром.

15. Червоні оксамитові мариновані яйця

Продукти: 6

ІНГРЕДІЄНТИ:

- 6 яєць
- 1 чашка білого оцту
- Сік з 1 банки буряка
- ¼ склянки цукру
- ½ ложки солі
- 2 зубчики часнику
- 1 столова ложка цілих горошин перцю
- 1 лавровий лист

ІНСТРУКЦІЇ:

a) Нагрійте водяну баню до 170 °F.

b) Покладіть яйця в пакет. Закрийте пакет і помістіть його у ванну. Варити 1 годину.

c) Через 1 годину помістіть яйця в миску з холодною водою, щоб вони охололи, і ретельно очистіть їх від шкірки. У пакеті, в якому ви варили яйця, змішайте оцет, буряковий сік, цукор, сіль, часник і лавровий лист.

d) Замініть яйця в пакеті маринованою рідиною. Поставте на водяну баню і варіть ще 1 годину.

e) Через 1 годину перемістіть яйця з розсольником в холодильник.

f) Дайте йому повністю охолонути перед вживанням.

16. Червоний оксамит латкес

Приготування: 1 порція

ІНГРЕДІЄНТИ:

- 1 склянка дрібно нарізаної свіжого буряка
- 2 столові ложки кукурудзяного крохмалю
- 4 збитих жовтки
- ½ чайної ложки цукру
- 3 столові ложки жирних вершків або нерозбавленого згущеного молока
- ½ чайної ложки меленого мускатного горіха
- 1 чайна ложка солі

ІНСТРУКЦІЇ:

a) З'єднайте всі інгредієнти в мисці для змішування.

b) Добре перемішайте і випікайте, як млинці, на розігрітій сковороді, змащеній вершковим маслом, або решітці.

c) Подавайте з фруктовим мармеладом або мармеладом.

17. Червоний оксамитовий хеш

Продукти: 4

ІНГРЕДІЄНТИ:
- 1 фунт буряка, очищеного і нарізаного кубиками
- ½ фунта картоплі Yukon Gold, очищеної та нарізаної кубиками
- Крупна сіль і свіжомелений чорний перець
- 2 столові ложки оливкової олії першого віджиму
- 1 маленька цибулина, нарізана кубиками
- 2 столові ложки подрібненої свіжої петрушки
- 4 великих яйця

ІНСТРУКЦІЇ:
a) У каструлі з високими стінками залийте буряк і картоплю водою і доведіть до кипіння. Приправити сіллю і варити до готовності приблизно 7 хвилин. Злийте воду та витріть каструлю.

b) Розігрійте олію в сковороді на середньому вогні. Додайте варений буряк і картоплю і варіть, поки картопля не стане золотистою, приблизно 4 хвилини. Зменшіть вогонь до середнього, додайте цибулю і готуйте, помішуючи, до розм'якшення приблизно 4 хвилини. Додайте спеції та додайте петрушку.

c) Зробіть чотири широкі лунки в хаше. Розбийте в кожну по одному яйцю і посоліть яйце. Варіть, поки яєчні білки не затвердіють, а жовтки все ще будуть рідкими, 5-6 хвилин.

18. Піца на сніданок з червоного оксамиту

ІНГРЕДІЄНТИ:

ДЛЯ ПІЦИ:

- 1 склянка вареного і протертого буряка
- ¾ чашки мигдального борошна
- ⅓ склянки коричневого рисового борошна
- ½ чайної ложки солі
- 2 чайні ложки розпушувача
- 1 столова ложка кокосової олії
- 2 чайні ложки подрібненого розмарину
- 1 яйце

Начинки:

- 3 яйця
- 2 скибочки вареного бекону покришити
- авокадо
- сир

ІНСТРУКЦІЯ

a) Розігрійте духовку до 375 градусів

b) Змішайте всі інгредієнти для коржа для піци

c) Випікати 5 хвилин

d) Вийміть і зворотною стороною ложки або формочки для морозива зробіть 3 невеликих «колодязя».

e) Киньте 3 яйця в ці "колодязі"

f) Випікати 20 хвилин

g) Посипте сиром і беконом і запікайте ще 5 хвилин

h) Додайте більше розмарину, сиру та авокадо.

ЗАКУСКИ ТА ГЛІКАСИ

19. Червоні оксамитові бомби

Продукти: 10

ІНГРЕДІЄНТИ:
- 100 грам чорного шоколаду 90%
- 1 чайна ложка ванільного екстракту без цукру
- ⅓ чашки вершкового сиру, розм'якшеного
- 3 столові ложки стевії
- 4 краплі червоного харчового барвника
- ⅓ склянки конопляних вершків, збитих

ІНСТРУКЦІЇ:
a) Розігрійте шоколад у мікрохвильовій печі з інтервалом у десять секунд у мисці, придатній для мікрохвильової печі.

b) За винятком збитих вершків, з'єднайте всі інші інгредієнти у великій мисці.

c) Переконайтеся, що воно ідеально однорідне, перемішавши його ручним міксером.

d) Додайте розтоплений шоколад і продовжуйте перемішувати ще дві хвилини.

e) Наповніть сумішшю пакет для запікання наполовину, викладіть на підготовлене деко і поставте в холодильник на сорок хвилин.

f) Перед подачею додайте трохи збитих вершків.

20. Гарбузові батончики Червоний оксамит

Приготування: 4 порції

ІНГРЕДІЄНТИ:
- Невеликий варений буряк, 2 шт
- Кокосове борошно, ¼ склянки
- Органічне масло гарбузового насіння, 1 ст
- Кокосове молоко, ¼ склянки
- Ванільна сироватка, ½ склянки
- Шоколад чорний 85%, розтоплений

ІНСТРУКЦІЇ:
a) Змішайте всі сухі інгредієнти, крім шоколаду.
b) Додайте молоко до сухих інгредієнтів і добре перемішайте.
c) Сформуйте бруски середнього розміру.
d) Розтопіть шоколад у мікрохвильовій печі та дайте йому охолонути кілька секунд.
e) Тепер занурте кожну плитку в розтоплений шоколад і добре покрийте.
f) Поставте в холодильник, поки шоколад не схопиться і не затвердіє.
g) Насолоджуватись.

21. Протеїновий батончик Червоний оксамит Fudge s

Приготування: 4 порції

ІНГРЕДІЄНТИ:
- Пюре з печеного буряка 1 скл
- Ванільна паста 1 ч.л
- Несолодке соєве молоко, ½ склянки
- Горіхове масло, ½ склянки
- Рожева гімалайська сіль, ⅛ чайної ложки
- Екстракт, 2 чайн
- Сирої стевії, ¾ склянки
- Вівсяні пластівці, ½ склянки
- Протеїновий порошок, 1 стакан

ІНСТРУКЦІЇ:
a) Розтопіть масло в каструлі та додайте вівсяне борошно, білковий порошок, бурякове пюре, ваніль, екстракт, сіль і стевію. Перемішайте до поєднання.
b) Тепер додайте соєве молоко і перемішайте до повного з'єднання.
c) Перекладіть суміш у форму і поставте в холодильник на 25 хвилин.
d) Коли суміш застигне, розріжте її на 6 брусків і насолоджуйтесь.

22. Цуценя Червоний оксамит

Продуктів: 22

ІНГРЕДІЄНТИ:
- 15,25 унцій червоної оксамитової суміші для торта
- 1 стакан цукрової пудри
- 12 унцій білого шоколаду
- 8 унцій напівсолодкого шоколаду
- 2 столові ложки жирних вершків кімнатної температури
- 12 унцій пластівців Chex
- 10 унцій M&M's
- ⅛ Посипання в колір чашки

ІНСТРУКЦІЇ:
a) Розігрійте духовку до 350°F.

b) Викладіть червоний оксамитовий торт на деко, застелене папером для випічки.

c) Запікати в духовці 5-8 хвилин.
Вийміть з духовки і дайте охолонути.

d) Додайте суміш для кексів і цукрову пудру в закривається пакет і струсіть, щоб добре перемішати. Відкласти набік.

e) Розламайте шоколад у мисці та нагрівайте його в мікрохвильовій печі з кроком у 30 секунд, помішуючи між тим, поки шоколад повністю не розтане.

f) Вмішати вершки.

g) Додайте пластівці Chex в іншу велику миску і полийте зверху шоколадом.

h) Обережно перемішайте пластівці разом із шоколадом до однорідності, потім, працюючи порціями, додайте пластівці, покриті шоколадом, до пакета з сумішшю для торта та цукром і струшуйте до повного покриття.

i) Вийміть шматочки крупи на деко, застелене папером для випічки.

j) Повторіть з рештою зерен, а потім залиште шматочки сушитися приблизно на годину.

k) Змішайте з M&M і посипанням і покладіть у миску для подачі.

23. Суміш для вечірки Червоний оксамит

Спосіб приготування: 12 порцій

ІНГРЕДІЄНТИ:

- 6 чашок шоколадних пластівців
- ½ склянки фасованого коричневого цукру
- ⅓ склянки вершкового масла
- 3 столові ложки кукурудзяного сиропу
- 1 крапля червоного гелевого харчового барвника
- 1 склянка суміші для торта
- ½ склянки глазурі з вершкового сиру

ІНСТРУКЦІЇ:

a) Помістіть пластівці у велику миску, придатну для мікрохвильової печі; Відкласти.

b) У середній мисці, придатній для використання в мікрохвильовій печі, розігрійте коричневий цукор, масло, кукурудзяний сироп, харчові барвники та суміш для торта без кришки на сильному вогні.

c) Відразу ж засипати крупу; перемішуйте, поки добре не покриється.

d) Розкласти на вощеному папері. Остудіть протягом 5 хвилин.

e) Помістіть глазур у невелику миску, придатну для мікрохвильової печі; мікрохвильову піч без кришки на High протягом 20 секунд.

f) Залийте зерновою сумішшю. Зберігати нещільно закритими.

24. Кулі для торта з червоного оксамиту

Продукти: 4 десятки

ІНГРЕДІЄНТИ:

- 15,25 унції суміші для торта Червоний оксамит
- 1 склянка незбираного молока
- ⅓ чашки солоного вершкового масла, розтопленого
- 3 чайні ложки ванільного екстракту, розділити
- Овочевий масаж, для каструлі
- Борошно універсальне, для сковороди
- Упаковка 8 унцій. вершковий сир розм'якшений
- ½ склянки солоного вершкового масла, розм'якшеного
- 4 склянки цукрової пудри
- 30 унцій білих розплавлених вафель
- Червоно-біла посипка та цукрова пудра

ІНСТРУКЦІЇ:

a) Розігрійте духовку до 350°F. Збийте суміш для кексів, молоко, розтоплене вершкове масло та 1 чайну ложку ванілі в чаші потужного міксера з лопатевою насадкою на низькій швидкості до повного змішування, приблизно 1 хвилину. Збільште швидкість до середньої і збивайте 2 хвилини. Вилийте тісто в змащену маслом і присипану борошном форму розміром 13 на 9 дюймів.

b) Випікайте в попередньо розігрітій духовці, поки дерев'яна кирка, вставлена в центр, не вийде чистою, 24-28 хвилин. Остудіть на сковороді на решітці протягом 15 хвилин. Переверніть пиріг на решітку і дайте йому повністю охолонути приблизно 2 години.

c) Тим часом збийте вершковий сир і розм'якшене вершкове масло потужним міксером із насадкою на середній швидкості до кремоподібної консистенції. Зменшіть швидкість до мінімуму та поступово додайте цукрову пудру та решту 2 чайних ложок ваніліну, збиваючи до однорідності. Збільште швидкість до середньої та збивайте до утворення піни протягом 1-2 хвилин.

d) Остиглий пиріг покришіть у велику миску. Додайте 2 склянки глазурі з вершкового сиру.

e) Розкачайте суміш для торта в 48 кульок діаметром приблизно 1 дюйм. Викладіть кульки на деко і накрийте їх поліетиленовою плівкою. Поставте в холодильник на 8 годин або на ніч.

f) Розтопіть 1 пакет Wafer Melts у середній мисці в мікрохвильовій печі згідно з інструкціями на упаковці.

g) Використовуючи виделку та працюючи з 1 кулькою за раз, занурте кульку в розтоплені вафлі, дозволяючи надлишку стекти назад у миску. Помістіть кульку на деко, застелене папером для випікання, і відразу ж посипте бажаною кількістю посипання або цукру.

h) Повторіть з рештою 15 кульками та розтопленими вафлями в мисці, очищаючи виделкою між кожним зануренням.

i) Протріть миску, а потім повторіть ще 2 рази з рештою охолоджених кульок печива та 2 упаковками розплавлених вафель і бажаною кількістю посипання. Охолодити до подачі.

25. Чашечки з червоного оксамиту

Приготування: 4 порції

ІНГРЕДІЄНТИ
- Спрей для випічки
- 15,25 унції суміші для торта Червоний оксамит
- 1 склянка нежирної пахти або води
- 3 яйця
- ½ склянки рослинного масла
- 7 унцій розчинного ванільного пудингу або суміші для чізкейку
- 4 склянки незбираного молока
- Збита заправка та шоколадна стружка для подачі

ІНСТРУКЦІЇ:
a) Розігрійте духовку до 350°F.

b) Збризніть форму для запікання кулінарним спреєм.

c) Змішайте суміш для кексу, пахту або воду, яйця та олію у великій мисці електричним міксером на низькій швидкості до вологості приблизно 30 секунд.

d) Збивати на середній швидкості 2 хвилини. Виливаємо в каструлю.

e) Випікайте від 15 до 18 хвилин, поки зубочистка, вставлена в центр, не вийде чистою.

f) Остудіть пиріг у формі на решітці до повного охолодження.

g) Розріжте пиріг зубчастим ножем на 120 маленьких квадратів.

h) Приготуйте пудинг відповідно до інструкції на упаковці.

i) Помістіть 10 кубиків торта в сервірувальний стакан і рівномірно змастіть пудингом.

j) Посипте кожну чашку збитою начинкою та шоколадною стружкою.

26. Червона оксамитова сирна кулька

Спосіб приготування: 16 порцій

ІНГРЕДІЄНТИ
- 8 унцій вершкового сиру кімнатної температури
- ½ склянки несолоного масла кімнатної температури
- Коробка 15,25 унцій Суміш для торта Червоний оксамит, суха
- ½ склянки цукрової пудри
- 2 столові ложки коричневого цукру
- ½ склянки маленької шоколадної стружки
- ванільне печиво/крекери Грем для подачі

ІНСТРУКЦІЇ:
a) У чаші міксера з лопатевою насадкою збийте вершковий сир і масло до однорідності.

b) Додайте суміш для кексу, цукрову пудру та коричневий цукор. Перемішайте до повного з'єднання.

c) Зішкрібте суміш на великий шматок поліетиленової плівки. Сформуйте суміш у кулю з обгорткою. Охолоджуйте в поліетиленовій упаковці, поки він не стане достатньо міцним, щоб його можна було впоратися, приблизно на 30 хвилин.

d) Викладіть шматочки шоколаду на блюдо. Розгорніть сирну кульку і обваляйте її в шматочках шоколаду.

e) Подавайте з ванільним печивом, крекерами Грем тощо.

27. Брауні з чізкейку з червоного оксамиту

Приготування: 30 шматочків печива

ІНГРЕДІЄНТИ:
ДЛЯ БРАУНІ:
- 8 столових ложок несолоного вершкового масла, розтопленого
- 1 стакан цукру
- ¼ чашки несолодкого какао-порошку
- ½ чайної ложки екстракту ванілі
- 1 столова ложка червоного харчового барвника
- ⅛ чайної ложки солі
- ½ чайної ложки білого оцту
- 2 великих яйця, злегка збитих
- ¾ склянки борошна універсального призначення

ДЛЯ НАЧИНКИ ЧІЗКЕЙКУ:
- Упаковка 8 унцій розм'якшеного вершкового сиру
- 3 ложки цукру
- ½ чайної ложки екстракту ванілі
- 1 великий жовток

ІНСТРУКЦІЇ:
ПРИГОТУЙТЕ ТІСТО ДЛЯ БРАУНІ:

a) Розігрійте духовку до 350ºF. Змастіть форму для міні-кексів кулінарним спреєм.

b) У великій мисці збийте разом розтоплене вершкове масло, цукор, какао-порошок, ванільний екстракт, харчовий барвник і сіль, а потім додайте білий оцет.

c) Додайте яйця та перемішайте до однорідності. Додайте борошно, поки не з'єднається. Відставте суміш для брауні в сторону.

ПРИГОТУВАТИ НАЧИНКУ ЧІЗКЕЙКУ:

d) У чаші штатного міксера з лопатевою насадкою збийте вершковий сир з цукром, ванільним екстрактом і яєчним жовтком до однорідності. Перемістіть суміш для чізкейку в кондитерський мішок або пластиковий пакет, який можна закривати, і відріжте верх.

e) За допомогою маленької ложки для морозива наберіть приблизно 1 столову ложку тіста для брауні в кожну ямку форми для мафінів. Покладіть приблизно 1 чайну ложку суміші для чізкейку на тісто для печива, а потім покладіть на суміш ще 1 чайну ложку тіста для печива. За допомогою зубочистки змішайте тісто для брауні та суміш для чізкейку.

f) Випікайте шматочки брауні приблизно 12 хвилин або поки суміш для чізкейку повністю не пропечеться. Вийміть печиво з духовки та дайте йому охолонути на сковороді приблизно 5 хвилин, перш ніж виймати.

28. Червоний оксамит попкорн

Робить: 8 порцій

ІНГРЕДІЄНТИ
- 16 чашок попкорну
- 3 склянки червоних оксамитових крихт для торта
- 20 унцій білого шоколаду або білих цукерок розтопити

ІНСТРУКЦІЯ
a) Покладіть попкорн у велику миску за допомогою повітряної насадки.

b) Розтопіть білий шоколад відповідно до інструкції на упаковці. Я використовую пароварку для білого шоколаду.

c) Вилийте розтоплений шоколад на попкорн і перемішайте до повного покриття.

d) Висипте попкорн на прилавок, вистелений вощеним папером, і посипте червоною оксамитовою крихтою.

e) Перед вживанням дайте йому повністю висохнути.

29. Хріспі з червоного оксамитового рису

Робить: 12 порцій

ІНГРЕДІЄНТИ
- 10,5 унцій міні-зефіру
- 3 столові ложки вершкового масла
- ½ чайної ложки
- ¾ склянки суміші для кексу «Червоний оксамит».
- 6 чашок хрустких рисових пластівців
- ½ чайної ложки червоного харчового барвника за бажанням

ІНСТРУКЦІЯ
a) Розтопіть масло та міні-зефір у великій каструлі на середньому слабкому вогні.

b) Коли зефір повністю розтане, додайте суміш для торта з ванілі та червоного оксамиту. Якщо ви вважаєте, що він повинен бути червонішим, додайте харчовий барвник на цьому місці.

c) Зніміть з вогню та обережно перемішайте рисові кріспі до однорідності.

d) Після того, як все з'єднається, рівномірно розподіліть між пінопластовими мисками.

e) Накрийте підноси поліетиленовою плівкою та подавайте до столу.

30. Чіпси червоного оксамиту

Продукти: 1

ІНГРЕДІЄНТИ:

- 4 середніх буряка помити і нарізати тонкими скибочками
- 1 чайна ложка морської солі
- 2 столові ложки оливкової олії
- Хумус, для подачі

ІНСТРУКЦІЇ:

a)   Розігрійте фритюрницю до 380°F.

b)   У великій мисці змішайте буряк з морською сіллю та оливковою олією, поки він добре не покриється.

c)   Помістіть скибочки буряка у фритюрницю і розкладіть їх в один шар.

d)   Смажимо 10 хвилин. Перемішати, потім обсмажити ще 10 хвилин. Знову перемішайте, а потім смажте останні 5–10 хвилин або доки чіпси не стануть бажаної хрусткості.

e)   Подавайте з улюбленим хумусом.

31. Кріп і часник

Приготування: 2 порції

ІНГРЕДІЄНТИ:

- 4 буряка очистити, почистити і нарізати скибочками
- 1 зубчик часнику, подрібнений
- 2 столові ложки подрібненого свіжого кропу
- ¼ чайної ложки солі
- ¼ чайної ложки чорного перцю
- 3 столові ложки оливкової олії

ІНСТРУКЦІЇ:

a) Розігрійте фритюрницю до 380°F.

b) У великій мисці змішайте всі інгредієнти, щоб буряк добре полив маслом.

c) Вилийте бурякову суміш у кошик для фритюрниці та випікайте 15 хвилин перед перемішуванням, потім продовжуйте випікати ще 15 хвилин.

32. «Червоний оксамит» на закуску

Приготування: 4 порції

ІНГРЕДІЄНТИ

- 2 фунти буряків
- сіль
- ½ кожного Іспанська цибуля, нарізана кубиками
- 4 помідори, очищені від шкірки, насіння та нарізані кубиками
- 2 столові ложки оцту
- 8 столових ложок оливкової олії
- Чорні оливки
- по 2 кожен Зубчики часнику подрібніть
- 4 ложки Італійська петрушка, подрібнена
- 4 ложки Кінза, подрібнена
- 4 ЗМІ Картопля, варена
- Сіль і перець
- Гострий червоний перець

ІНСТРУКЦІЇ:

a) Зріжте у буряка кінчики. Добре промити і відварити в киплячій підсоленій воді до м'якості. Процідіть і видаліть шкірку під проточною холодною водою. кубики.

b) Змішайте інгредієнти для заправки.

c) Викладіть буряк в салатницю з цибулею, помідорами, часником, кінзою і петрушкою. Полийте половиною заправки, акуратно перемішайте та поставте в холодильник на 30 хвилин. Картоплю наріжте скибочками, покладіть у неглибоку миску та полийте заправкою, що залишилася. Заспокойся.

d) Коли ви будете готові до збирання, покладіть буряк, помідори та цибулю в середину неглибокої миски, а навколо них викладіть картоплю кільцями. Прикрасити оливками.

33. Човни з ріпи

Робить: 6 порцій

ІНГРЕДІЄНТИ:
- 8 маленьких буряк
- 10 унцій крабового м'яса , консервованого або свіжого
- 2 чайні ложки Подрібнена свіжа петрушка
- 1 чайна ложка Лимонний сік

ІНСТРУКЦІЇ:
a)Варіть буряк на пару 20-40 хвилин або до м'якості. Промийте холодною водою, очистіть і дайте охолонути. Тим часом змішайте крабове м'ясо, петрушку та лимонний сік.
b) Коли буряк охолоне, розріжте його навпіл і вичерпайте серединку кулькою для дині або чайною ложкою, зробивши поглиблення. Зверху викладіть крабову суміш.
c) Подавати як закуску або на обід зі смаженою буряковою зеленню.

34. Червоні оксамитові оладки

Робить: 6 порцій

ІНГРЕДІЄНТИ:

- 2 склянки Натерта сирий буряк
- ¼ склянки Цибуля, нарізана кубиками
- ½ склянки Крихти
- 1 велика Яйце, збите
- ¼ чайної ложки імбир
- Посоліть і поперчіть за смаком

ІНСТРУКЦІЇ:

a) Перемішайте _ _ все інгредієнти . З обличчям вийняти частин розміри _ _ Pala činka _ на гарячий , змащений _ _ сітка _ _ _

b) Кухар поки ні підсмажити , перевернути _ _ _ _ один раз

c) Подавати _ _ перелито з маслом , мариновані вершки , йогурт або або котрий поєднання з перерахованого вище .

ГОЛОВНА СТРАВА

35. Червоний оксамитовий суп

Продукти: 2

ІНГРЕДІЄНТИ

- ½ склянки буряка, нарізаного кубиками
- ½ склянки моркви, нарізаної кубиками
- ½ склянки помідорів, нарізаних кубиками
- ¼ склянки очищеної і очищеної червоної сочевиці
- 1 цибулина
- 4-5 зубчиків часнику
- 1 чайна ложка масла/топленого масла
- 1 столова ложка листя мигдалю
- 1 чайна ложка порошку чорного перцю
- за смаком сіль

ІНСТРУКЦІЯ

a) Розігрійте масло/топлене масло в каструлі під тиском і обсмажте цибулю та часник.

b) Додати всі овочеві кубики та промиту сочевицю та обсмажити недовго.

c) Додайте одну склянку води та варіть під тиском.

d) Потім перетираємо в пюре і пропускаємо через сито або друшляк.

e) Додайте ще чашку води або більше відповідно до бажаної густоти.

f) Додайте сіль і чорний перець і варіть 5-7 хвилин на маленькому вогні.

36. Салат «Червоний оксамит» з буряком і моцарелою

Робить: 4 порції

ІНГРЕДІЄНТИ
- ½ червонокачанної капусти
- ½ соку лайма
- 3 столові ложки бурякового соку
- 3 столові ложки сиропу агави
- 3 варені буряки
- 150 г сирних кульок моцарелла
- 2 столові ложки дрібно нарізаної цибулі
- 2 столові ложки підсмажених кедрових горіхів

ІНСТРУКЦІЯ

a) Червонокачанну капусту наріжте дрібною соломкою за допомогою овощечистки.

b) Візьміть миску для змішування та змішайте буряковий сік з 2 столовими ложками сиропу агави та соком половини лайма.

c) Змішати з нарізаною червонокачанною капустою і залишити маринуватися на півгодини.

d) Після цього залиште капусту стекти в ситі.

e) З відвареного червоного буряка паризькою ложкою виходять маленькі кульки.

f) Збризніть ці кульки 1 столовою ложкою сиропу агави.

g) Кедрові горіхи обсмажте на сковороді до золотистого кольору. Покладіть відціджену червону капусту в миску.

h) Викласти на нього кульки червоного буряка і моцарелу. Зверху викласти кедрові горіхи та дрібно нарізану цибулю.

37. Червоні оксамитові курячі пальчики

ІНГРЕДІЄНТИ:
- 12 курячих філе
- 1 ½ склянки борошна
- Щіпка солі
- 1 ½ столової ложки розпушувача
- ¼ склянки цукрової пудри
- 2 столові ложки какао-порошку
- 1 ⅔ склянки молока
- 1 чайна ложка ванільного екстракту
- 1 унція червоного харчового барвника
- 1 яйце
- 5 великих кубиків льоду
- Додаткове борошно
- Олія для смаження

ІНСТРУКЦІЇ:
a) Дуже добре збийте вологі інгредієнти.
b) Змішайте сухі інгредієнти.
c) Додайте лід до вологих інгредієнтів, а потім вилийте його до сухих інгредієнтів. Перемішайте до поєднання.
d) Курку посипати сіллю, посипати борошном і занурити в кляр.
e) Запікайте при 350°F протягом 5 хвилин, доки курка не звариться, перевертаючи за потреби.
f) Ставимо охолоджуватися. Відразу додайте сіль. Подавайте з медовою гірчицею, соусом барбекю або іншими бажаними приправами.

38. Бургер з червоного оксамиту

Приготування: 4 порції

ІНГРЕДІЄНТИ

- 2-3 гілочки чебрецю, подрібнити
- ½ склянки бурякового соку
- 1/2 кубика свіжих дріжджів
- 1 яйце, розділене
- 250 г пшеничного борошна
- 1 столова ложка цукру
- приблизно 1 чайна ложка солі
- 40 г м'якого вершкового масла
- 1 зубчик часнику
- 1 столова ложка каперсів
- 120 грамів майонезу
- перець з м'ясорубки
- 4-8 листків салату вимити і обсушити
- 1 жменя паростків буряка, промитих і обсушених
- 500 г яловичого фаршу
- 1 столова ложка оливкової олії
- 1 невеликий огірок, нарізаний

ІНСТРУКЦІЇ:

a) Розігрійте буряковий сік, вмішайте дріжджі і, помішуючи, розчиніть.

b) Замісити суміш дріжджів, борошна, цукру, 1/2 чайної ложки солі, вершкового масла, половини листка чебрецю та яєчного жовтка, щоб вийшло гладке тісто, накрити та залишити підходити в теплому місці на 1 годину.

c) Замісити тісто, сформувати з нього 4 коржі і дати підійти ще 20 хвилин.

d) Розігрійте духовку до 200°C.

e) Змастіть рулети яєчним білком, посипте рештою чебрецю і запікайте в духовці 15-20 хвилин.

f) Залишити рулети остигати на решітці.

g) Для айолі очистіть часник і дрібно наріжте його разом з каперсами.

h) Змішайте майонез з часником і каперсами, приправте сіллю і перцем.

i) Приправити яловичий фарш сіллю та перцем і сформувати 4 котлети, обсмажити на розігрітій олії по 4-5 хвилин з кожного боку.

j) Розріжте тістечка, обмажте зрізи обох половинок айолі, нижні сторони накрийте листям салату, котлетами, скибочками огірків і паростками буряка, накрийте верхніми половинками і подавайте.

39. Червона оксамитова скумбрія з буряком

Приготування: 4 порції

ІНГРЕДІЄНТИ
- 2 іспанські скумбрії (приблизно 2 фунти кожна), очищені та випотрошені, з видаленими зябрами
- 2¼ склянки розсолу фенхелю
- 1 столова ложка оливкової олії
- 1 середня цибулина, дрібно нарізана
- 2 середніх буряка, запечених, варених, на грилі або консервованих; дрібно нарізати
- 1 терпке яблуко, очищене від шкірки, серцевини та дрібно нарізане
- 1 зубчик часнику, подрібнений
- 1 столова ложка дрібно нарізаного свіжого листя кропу або кропу
- 2 столові ложки свіжого козячого сиру
- 1 лайм, розрізаний на 8 часточок

ІНСТРУКЦІЇ:
a) Промийте рибу та помістіть її в пакет на блискавці об'ємом 1 галон із солоною водою, видавіть повітря та закрийте пакет. Поставте в холодильник на 2-6 годин.

b) Розігрійте олію у великій сковороді на середньому вогні. Додайте цибулю та пасеруйте до м'якості приблизно 3 хвилини. Додайте буряк і яблуко і пасеруйте, поки яблуко не стане м'яким, приблизно 4 хвилини. Додайте часник і кріп і нагрівайте приблизно 1 хвилину. Охолодіть суміш до кімнатної температури і додайте козячий сир.

c) Тим часом розігрійте гриль до прямого середовища, приблизно 375¡F.

d) Рибу вийняти з розсолу і обсушити. Викиньте розсіл. Охолодженою сумішшю буряка і яблук наповніть порожнини риби і при необхідності закріпіть ниткою.

e) Намажте решітку гриля і змастіть олією. Смажте рибу на грилі, доки шкіра не стане хрусткою, а поверхня риби не буде виглядати непрозорою, але все ще буде вологою в центрі (130¼F на термометрі з миттєвим зчитуванням), 5–7 хвилин на кожну сторону. Вийміть рибу на тарілку для подачі та подавайте з шматочками лайма.

40. Різотто з червоного оксамиту

Продукти: 4

ІНГРЕДІЄНТИ:

- 50 г вершкового масла
- 1 цибулину дрібно нарізати
- 250 г рису для різотто
- 150 мл білого вина
- 1 літр овочевого бульйону
- 300 г вареного буряка
- 1 лимон, очищений і вичавлений сік
- невеликий пучок плоскої петрушки, крупно нарізаної
- 125 г м'якого козячого сиру
- жменя волоських горіхів, обсмажених і подрібнених

ІНСТРУКЦІЇ:

41. У глибокій сковороді розтоплюємо масло і тушкуємо цибулю зі спеціями 10 хвилин до розм'якшення. Додайте рис і перемішуйте, поки не покриється кожна крупинка, потім влийте вино і варіть 5 хвилин.

42. Додавайте бульйон по одній ложці за раз, перемішуючи, додавайте лише тоді, коли попередня кількість вбереться.

43. Тим часом візьміть ½ буряків і збийте їх у маленькому блендері до однорідності, а решту подрібніть.

44. Коли рис звариться, додайте змішаний і нарізаний буряк, лимонну цедру, сік і більшу частину петрушки. Розподіліть по тарілках і посипте подрібненим козячим сиром, волоськими горіхами та петрушкою, що залишилася.

45. Червоні оксамитові повзунки

Приготування: 4 порції

ІНГРЕДІЄНТИ:

ЖУК

- 1 зубчик часнику, трохи подрібнений і очищений
- 2 моркви, очищені, нарізані кружечками
- Щіпка солі і перцю
- 1 цибулина, очищена і нарізана четвертинками
- 4 буряка
- 1 столова ложка насіння кмину
- 2 стебла селери помити й обрізати

БИНТАЖ:

- ½ склянки майонезу
- ⅓ склянки пахти
- ½ чашки подрібненої петрушки, шніт-цибулі, естрагону або чебрецю
- 1 столова ложка свіжовичавленого лимонного соку
- 1 чайна ложка пасти з анчоусів
- 1 зубчик часнику, подрібнений
- Сіль і перець

ОДЕРЖАННЯ:

- Пучки-повзунки
- 1 тонко нарізана червона цибулина
- Жменя суміші мікрозелені

ІНСТРУКЦІЇ:

БИНТАЖ

а) Змішайте пахту, зелень, майонез, лимонний сік, пасту з анчоусів, часник, сіль і перець.

ЖУК

b) Буряк, селеру, моркву, цибулю, часник, кмин, сіль і перець варити в духовці 55 хвилин.

c) Буряк почистити і нарізати скибочками.

d) Обсмажте скибочки буряка по 3 хвилини з кожного боку на сковороді, змащеній кулінарним спреєм.

ДЛЯ МОНТАЖІ

e) Викладіть тістечка гіркою на тарілку, зверху посипте буряком, вінегретом, червоною цибулею та мікрозеленню.

f) Насолоджуватись.

46. Креветки з амарантом і козячим сиром

Продукти: 4

ІНГРЕДІЄНТИ:
- 2 буряка спіралі
- 4 унції розм'якшеного козячого сиру
- ½ склянки мікрозелені руколи Злегка нарізати
- ½ склянки мікрозелені амаранту Злегка нарізати
- 1 фунт креветок
- 1 склянка подрібнених волоських горіхів
- ¼ склянки сирого тростинного цукру
- 1 столова ложка вершкового масла
- 2 столові ложки оливкової олії першого віджиму

ІНСТРУКЦІЇ:

a) Перед початком приготування залиште козячий сир розм'якшити на 30 хвилин.

b) Розігрійте духовку до 375 градусів

c) Розігрійте сковороду на помірному вогні.

d) Додайте в сковороду горіхи, цукор і масло і часто помішуйте на помірному вогні.

e) Постійно помішуйте, коли цукор почне танути.

f) Після того, як волоські горіхи покриті, негайно перекладіть їх на аркуш паперу для випікання та відокремте волоські горіхи, щоб вони не затверділи. Відкласти

g) Наріжте буряк спіральками.

h) Поливаємо спіралі оливковою олією і морською сіллю.

i) Викладаємо буряк на деко і запікаємо в духовці 20 - 25 хвилин.

j) Промийте креветки і додайте в каструлю.

k) Наповніть ємність водою і морською сіллю. Нехай закипить.

l) Злийте воду і поставте на крижану баню, щоб припинити варіння.

m) Мікрозелень руколи наріжте та злегка подрібніть. Відкласти.

n) Додайте мікрозелень до розм'якшеного сиру, залишивши в стороні кілька щіпок кожної мікрозелені.

o) Змішайте мікрозелень і сир.

p) Зіскребіть сирну суміш у кульку.

q) Тарілка буряка.

r) Додайте до буряка ложку сиру.

s) Навколо тарілки викласти волоські горіхи.

t) Додати креветки і посипати рештою мікрозелені, сіллю і меленим перцем.

47. Смажені морські гребінці та капуста під соусом зі свіжого буряка

Робить: 4 порції

ІНГРЕДІЄНТИ:
- 1¼ склянки свіжого бурякового соку
- Фруктова оливкова олія
- 1 чайна ложка білого винного оцту
- Кошерна сіль; смак
- Чорний свіжозмелений перець; смак
- 1¼ фунта свіжих гребінців
- Кілька крапель свіжого лимонного соку
- 1 фунт молодого листя капусти; тверде центральне ядро видалено
- Кілька крапель хересного оцту
- свіжий шніт; нарізати паличками
- Невеликі кубики жовтого перцю

ІНСТРУКЦІЇ:
a) Помістіть буряковий сік у неактивну ємність і кип'ятіть, поки не зменшиться приблизно до ½ склянки.

b) Знявши вогонь, повільно додайте 2-3 столові ложки оливкової олії в розчин, щоб загуснути соус. Збийте білий винний оцет, сіль і перець за смаком. Відкладіть і тримайте в теплі.

c) Злегка змастіть гребінці маслом і приправте сіллю, перцем і кількома краплями лимонного соку.

d) Змастіть листя капусти олією і злегка приправте. Обсмажте капусту на грилі з обох боків, поки листя злегка не обвуглиться і не приготуються.

e) Смажте гребінці на грилі до готовності (центр повинен бути трохи непрозорим). Красиво покладіть капусту в центр теплих тарілок і збризніть кількома краплями хересного оцту.

f) Зверху покладіть гребінці та полийте буряковим соусом. Прикрасьте паличками цибулі та жовтим перцем і негайно подавайте.

СУП

48. Буряковий борщ

Приготування: 2 порції

ІНГРЕДІЄНТИ:

- 1 банка цілого буряка
- 4 склянки води
- 1 ціла цибулина, очищена
- сіль
- 2 повні ложки цукру
- ¼-½ чайної ложки маринованої солі

ІНСТРУКЦІЇ:

a) Тушкуйте цибулю у воді 10 хвилин. Додати тертий (нарізаний) буряк з соком і всі інші інгредієнти.

b) Тушкуйте 5 хвилин. більше.

c) Спробуйте та відрегулюйте приправи.

d) Подавати теплим або холодним.

49. Щі з капусти і буряка

Спосіб приготування: 8 порцій

ІНГРЕДІЄНТИ:
- 1 медовокачанна капуста; скибочками або клинами
- 3 зубчики часнику; меленої гвоздики
- Буряк; багато
- 3 морквини; декілька
- 1 л цибулі
- 2 селери; розріжте стебла на 3 частини
- 3 фунти кісток; м'ясо/кістковий мозок
- 2 лимона
- 2 банки помідорів; не зливати

ІНСТРУКЦІЇ:
a) Покладіть м'ясо та кістки в каструлю для бульйону об'ємом 8 або 12 кварт. Помідори розкладаємо по банках, заливаємо водою і кип'ятимо.

b) Тим часом підготуйте овочі. Буряк і моркву наріжте кружальцями, решту залиште цілими. Коли бульйон закипить, зніміть верх.

c) Покласти буряк, моркву, часник та інші овочі. Зменшіть вогонь і тримайте кришку нахиленою.

d) Приблизно через годину додайте часник і цукор.

50. Суп з буряка і пахти

Спосіб приготування: 6 порцій

ІНГРЕДІЄНТИ:

- 5 буряків
- 3 склянки пахти
- ¾ склянки нарізаної ріпчастої цибулі
- ⅔ склянки легкої сметани
- 2 столові ложки подрібненого свіжого кропу або коріандру
- 1½ чайної ложки цукрового піску
- 1½ чайної ложки білого оцту
- ¼ чайної ложки солі
- 1 стакан огірка; (неочищений кубиками)
- Свіжі гілочки кропу або коріандру

ІНСТРУКЦІЇ:

a) У каструлі з киплячою підсоленою водою накрийте кришкою і варіть буряк, поки він не стане м'яким і не зніме шкірку, приблизно 25 хвилин. Злити і дати охолонути; зніміть шкірку та наріжте кубиками ¼ дюйма (5 мм). Накрийте та поставте в холодильник до охолодження.

b) У великій мисці змішайте пахту, ½ склянки (125 мл) цибулі, сметану, кріп, цукор, оцет і сіль. Накрийте кришкою та поставте в холодильник до охолодження або до 6 годин. Спробуйте та відрегулюйте приправи.

c) Ложкою розкладіть маслянисту суміш у сервірувальні миски. Змішати буряк і огірок.

d) Прикрасьте зеленою цибулею, що залишилася, і гілочками кропу або коріандру.

51. Буряк каррі

Робить: 4 порції

ІНГРЕДІЄНТИ:

- 3 столові ложки топленого масла
- 1 щіпка насіння кмину
- по 1 лавровому листку
- 2½ столові ложки нарізаної цибулі
- ¼ чайної ложки кайенского перцю
- ¼ чайної ложки гарам масала
- 1 середня картоплина, нарізана кубиками
- ½ склянки зеленого горошку
- 15 унцій вареного і нарізаного кубиками буряка
- ½ чайної ложки солі

ІНСТРУКЦІЇ:

a) Розігрійте топлене масло і обсмажте насіння кмину, лавровий лист, цибулю, кайєнський перець і гарам масалу протягом 1 хвилини.

b) Додайте картоплю, горох і буряк і обережно варіть 2 хвилини. Додати сіль і трохи води.

c) Повільно варіть, поки картопля не стане м'якою.

d) Подавайте до рису.

52. Крем-суп з буряка

Робить: 6 порцій

ІНГРЕДІЄНТИ:

- 1 фунт буряка, очищений і крупно нарізаний (приблизно 3 середніх)
- 1 велика цибулина, крупно нарізана
- 1 свіжа гілочка майорану АБО
- 1 чайна ложка сушеного подрібненого свіжого чебрецю
- 3 столові ложки несолоного вершкового масла
- 1 літр курячого або овочевого супу
- ½ склянки жирних вершків
- 2 столові ложки хорошого червоного винного оцту
- сіль
- перець
- ½ склянки жирних вершків, злегка збитих
- Маленькі грінки
- ¼ склянки подрібненої свіжої зелені, наприклад кропу або майорану

ІНСТРУКЦІЇ:

a) Варіть буряк, цибулю та майоран у вершковому маслі в каструлі об'ємом 4 літри на середньому вогні, поки цибуля не почне трохи розм'якшуватися, приблизно 10 хвилин. Додати суп, частково накрити каструлю кришкою і тушкувати приблизно 30 хвилин, поки буряк повністю не стане м'яким.

b) Перевірте їх, спробувавши притиснути один до стінки каструлі дерев'яною ложкою. При необхідності продовжуйте тушкувати.

c) Пюрируйте суп у блендері або кухонному комбайні. Якщо ви хочете, щоб суп мав більш гладку текстуру, процідіть його через ситечко середнього розміру. Додайте вершки або оцет і знову доведіть суп до кипіння. Посоліть і поперчіть.

d) Для подачі розлийте по мисках і прикрасьте збитими вершками, сухариками та зеленню або подавайте гарніри окремо, а гості приготують самі.

53. Суп зі шпинату і буряка

Спосіб приготування: 8 порцій

ІНГРЕДІЄНТИ:
- ½ склянки нуту
- 2 склянки шпинату; подрібнений
- 1 склянка квасолі
- 1 склянка свіжої трави кропу -або-
- ¼ склянки сушеної трави кропу
- 1 стакан сочевиці
- 4 буряка; очищені і дрібні кубики
- 1 велика цибулина; нарізаний (на)
- 2 столові ложки борошна (до)
- 2 Кістки для супу; необов'язковий
- Смажена цибуля і сухі листочки м'яти (для прикраси)
- Сіль і перець за смаком
- Олія для смаження (до)
- 8 склянок води

ІНСТРУКЦІЇ:
a) Замочіть нут і квасолю на 2 години або на ніч. Відваріть сочевицю в 1-2 склянках води, поки вона не стане м'якою, але не стане кашкою, і відставте.

b) Обсмажте кістки та цибулю на олії у великому казані. Приправити за смаком і додати воду, нут, квасолю і буряк. Варіть, поки нут не стане м'яким.

c) Видалити кістки і додати шпинат, кріп і сочевицю. Час від часу помішуйте. Тим часом підрум'янити борошно на невеликій кількості олії і додати в суп, щоб він загус.

d) Поставте суп на слабкий вогонь і часто помішуйте, поки він не буде готовий. Подати в мисці і прикрасити смаженою цибулею або сухим листям м'яти, доданими в розігріте масло.

54. Червоний оксамитовий суп

Приготування: 2 порції

ІНГРЕДІЄНТИ:
- 1 велика буряк
- 1 стакан води
- 2 щіпки порошку кмину
- 2 щіпки перцю
- 1 щіпка кориці
- 4 щіпки солі
- Вичавіть лимон
- ½ столової ложки топленого масла

ІНСТРУКЦІЇ:
a) Буряк відварити і очистити від шкірки.
b) Змішайте з водою і за бажанням відфільтруйте.
c) Доведіть суміш до кипіння, потім додайте решту інгредієнтів і подавайте.

САЛАТИ

55. Буряк з апельсиновою гремолатою

ІНГРЕДІЄНТИ:

- 3 золотисті буряки , обрізані
- 2 столові ложки соку лайма
- 1 чайна ложка апельсинової цедри
- 2 столові ложки насіння соняшнику
- 1 столова ложка меленої петрушки
- 3 столові ложки козячого сиру
- 1 столова ложка меленого з віком
- 2 столові ложки апельсинового соку
- 1 зубчик часнику, подрібнений

ІНСТРУКЦІЇ:

a)   Розігрійте фритюрницю до 400 . Складіть стійку фольгу навколо буряків і покладіть їх на піднос у кошик фритюрниці.

b)   Варити до м'якості 50 хвилин . Буряк почистити , розділити навпіл і нарізати кружальцями ; покласти в миску.

c)   Додайте сік лайма, апельсиновий сік і сіль .

d)   Посипати петрушкою, шавлією, часником і цедрою апельсина і посипати козячим сиром і насінням соняшнику.

56. Буряк із зеленню та нарізаними абрикосами

Робить: 4 порції

ІНГРЕДІЄНТИ:

- 1 середній пучок буряка із зеленню
- 1⁄3 склянки свіжого лимонного соку
- 2 столові ложки світло-коричневого цукру
- ½ склянки кураги
- Сіль і свіжомелений чорний перець

ІНСТРУКЦІЇ:

a) Розігрійте духовку до 400°F. Буряк очистіть від зелені, добре промийте і наріжте впоперек смужками шириною ½ см. Відкласти. Добре почистіть буряк.

b) Щільно загорніть буряк в алюмінієву фольгу та запікайте до м'якості приблизно 1 годину.

c) Поки запікається буряк, покладіть абрикоси в невелику вогнетривку миску і залийте їх окропом, щоб вони розм'якшилися приблизно на 10 хвилин. Злийте воду, наріжте її тонкими скибочками й відкладіть.

d) Коли буряк запечеться, розгортаємо його і залишаємо остигати. Коли буряк достатньо охолоне, очистіть і наріжте його скибочками товщиною 1⁄4 дюйма та відкладіть.

e) Змішайте лимонний сік, цукор і нарізані абрикоси в маленькій каструлі і доведіть до кипіння. Зменшіть вогонь і варіть 5 хвилин. Відкласти.

f) Збережену зелень покласти в каструлю з 2 столовими ложками води. Накрийте кришкою і доведіть до кипіння, потім зменшіть вогонь до середнього і варіть, поки зелень не зів'яне і рідина не випарується, приблизно 2 хвилини. Змішайте абрикосово-лимонну суміш із зеленню та приправте сіллю та перцем за смаком. Додайте скибочки буряка і варіть до нагрівання приблизно 3 хвилини. Подавайте негайно.

57. Салат з бурякового кропу

Приготування: 2 порції

ІНГРЕДІЄНТИ:

- 3 склянки подрібненої зелені
- ¼ цибулини фенхеля, тонко нарізаного
- ½ чашки подрібнених варених суцвіть брокколі
- ½ склянки нарізаного буряка
- 1-2 столові ложки оливкової олії першого віджиму
- Сік ½ лимона

ІНСТРУКЦІЇ:

a) У великій мисці змішайте зелень, фенхель, брокколі та буряк.

b) Збризніть оливковою олією та лимонним соком.

58. Салат з буряка і фундука

Приготування: 2 порції

ІНГРЕДІЄНТИ:

- 2 склянки молодого шпинату
- ½ авокадо, нарізаного кубиками
- 1 стакан буряка, нарізаного кубиками
- ¼ склянки лісових горіхів
- 2 столові ложки оливкової олії першого віджиму
- 1 столова ложка бальзамічного оцту

ІНСТРУКЦІЇ:

a) Помістіть шпинат, авокадо, буряк і лісові горіхи в миску. Полийте олією та оцтом.

b) Киньте і насолоджуйтесь.

59. Салат з буряка і помідорів

Приготування: 2 порції

ІНГРЕДІЄНТИ:

- ½ склянки свіжих помідорів – нарізати
- ½ склянки вареного буряка – подрібнити
- 1 столова ложка рослинного масла
- ¼ столової ложки насіння гірчиці
- ¼ столової ложки насіння кмину
- Щіпка куркуми
- 2 щіпки асафетиди
- 4 листки каррі
- Посоліть за смаком
- Цукор за смаком
- 2 столові ложки арахісового порошку
- Свіжонарізане листя коріандру

ІНСТРУКЦІЇ:

a) Перед додаванням зерен гірчиці розігрійте олію.

b) Коли вони почнуть спливати, додайте кмин, куркуму, листя каррі та асафетиду.

c) Змішайте буряк і помідори з сумішшю спецій, арахісовою пудрою, сіллю, цукром і листям коріандру за смаком.

60. Мікс зеленого салату з буряком

Робить: 4 порції

ІНГРЕДІЄНТИ:

a) 2 середніх буряка, бадилля обрізане

b) 2 столові ложки апельсина, збагаченого кальцієм сік

c) 1 ½ чайної ложки меду

d) ⅛ чайної ложки солі

e) ⅛ чайної ложки чорного перцю

f) ¼ склянки оливкової олії

g) 2 столові ложки сирих очищених насіння соняшнику

h) 1 апельсин, нарізаний часточками

i) 3 склянки пакетованого змішаного салату

j) ¼ чашки знежиреного сиру фета, подрібненого

ІНСТРУКЦІЇ:

● У каструлі середнього розміру залийте буряк водою. Доведіть до кипіння, потім зменшіть вогонь до мінімуму.

● Готуйте 20-30 хвилин або поки вилка не стане м'якою, накривши кришкою. Буряк слід процідити.

● Коли буряк охолоне, очистіть його під проточною водою і наріжте скибочками.

● Тим часом змішайте в банку апельсиновий сік, мед, часник, сіль і перець.

● Струсіть в оливковій олії, поки заправка не стане однорідною. Вилучити з рівняння.

● Розтопіть вершкове масло в маленькій сковороді на середньому слабкому вогні.

● Підсмажте насіння соняшнику на сухій сковороді протягом 2-3 хвилин або поки воно не стане золотисто-коричневим.

● Покладіть буряк, насіння соняшнику, часточки апельсина, суміш овочів і сир фета у велику миску.

61. Веселковий салат з буряка та фісташок

Приготування: 2 порції

ІНГРЕДІЄНТИ:
- 2 невеликі пучки веселкового буряка, обрізані
- Рапсова олія для буряка

БАЗИЛІК ЛИМОН ОЛИВКА:
- 2 склянки нещільно упакованого базиліка
- трохи ¼ склянки оливкової олії
- ½ лимонного соку
- щіпка кошерної солі
- 1 столова ложка подрібнених фісташок
- 1 склянка мікрозелені
- Сіль цитрусових трав - за бажанням

ІНСТРУКЦІЇ:
a) Змішайте буряк з 1-2 столовими ложками ріпакової олії до легкого покриття.

b) Викладіть буряк на деко з ребрами, накрийте фольгою та запікайте на грилі 30-45 хвилин або до м'якості та золотисто-коричневого кольору.

c) Очистіть буряк від шкірки та викиньте його.

d) Щоб приготувати оливкову олію з базиліком, змішайте всі інгредієнти в блендері до однорідності.

e) На дно двох невеликих тарілок капніть невелику кількість базилікової оливкової олії.

f) На кожну тарілку посипати невеликою кількістю мікрозелені, половиною буряка, цитрусовою сіллю і фісташками.

g) Покладіть решту мікрозелені на кожну тарілку.

62. <u>Салат «Рожево- червоний оксамит».</u>

Приготування: 2 порції

ІНГРЕДІЄНТИ
САЛАТ
- 4 цілих моркви
- ⅓ середньої червоної цибулі, нарізаної
- 1 велика буряк
- 1 рожевий грейпфрут, нарізати скибочками
- 1 жменя крупно нарізаних фісташок

ВІНЕГРЕТ
- ½ склянки оливкової олії
- ¼ склянки рисового винного оцту
- 1 чайна ложка гірчиці
- 1 чайна ложка кленового сиропу
- 1-2 зубчики часнику, подрібнити
- сіль і перець за смаком

ІНСТРУКЦІЇ:
- Наріжте буряк середніми скибочками та помістіть у миску, придатну для мікрохвильової печі, накрийте кришкою та розігрійте в мікрохвильовці, поки виделка не стане м'якою. Мій тривав 6 з половиною хвилин. Я свою не буду здирати, бо шкіра не проти, а роби, що хочеш.
- Використовуйте морквочистку, щоб збрити довгі смужки з кожної моркви, доки не досягнете серцевини і більше не зможете голитися. Збережіть ядра для жування пізніше.
- Помістіть усі інгредієнти салату, крім фісташок, у велику миску.
- В іншу миску помістіть усі інгредієнти для заправки та перемішайте їх до емульгування.

- Коли ви будете готові подавати салат, полийте його достатньою кількістю заправки, а решту збережіть для завтрашнього салату.
- Посипте фісташками, і все готово.

63. Жовтий буряковий салат з грушами

Приготування: 2 порції

ІНГРЕДІЄНТИ:

- 3-4 жовті буряки середнього розміру
- 2 столові ложки білого бальзамічного оцту
- 3 столові ложки веганського майонезу, домашнього (див. Веганський майонез) або купленого
- 3 столові ложки веганської сметани, домашньої (див. Сметана з тофу) або купленої в магазині
- 1 столова ложка соєвого молока
- 1½ столової ложки меленого свіжого кропу
- 1 столова ложка подрібненого шалоту
- ½ чайної ложки солі
- ¼ чайної ложки свіжомеленого чорного перцю
- 2 стиглі груші Bosc
- Сік 1 лимона
- 1 невеликий качан салату, нарізаний невеликими шматочками

ІНСТРУКЦІЇ:

a) Варіть буряк на пару до м'якості, потім остудіть і очистіть. Буряк нарізати брусочками і покласти в неглибоку миску. Додати оцет і перемішати. Відкласти.

b) У невеликій мисці змішайте майонез, сметану, соєве молоко, кріп, цибулю-шалот, сіль і перець. Відкласти.

c) Очистіть груші від серцевини та наріжте їх кубиками розміром 1⁄4 дюйма. Помістіть груші в середню миску, додайте лимонний сік і обережно перемішайте, щоб з'єднати. Розподіліть зелений салат на 4 салатні тарілки і викладіть зверху груші та буряк. Полийте салат заправкою, посипте пекан і подавайте до столу.

64. Салат з буряка і тофу

Приготування: 4 порції

ІНГРЕДІЄНТИ:

- 3 буряка; очищених АБО 5 менших буряків
- 1 маленька червона бермудська цибуля; нарізати тонкими кільцями і відокремити
- 1 фунт твердого або дуже твердого тофу; злийте воду та наріжте кубиками розміром ½ дюйма
- ¼ склянки червоного винного оцту
- 2 столові ложки бальзамічного оцту
- ¼ склянки оливкової олії; або менше за смаком
- ½ чайної ложки сушеного орегано
- Сіль і перець

ІНСТРУКЦІЇ:

a) Відваріть буряк до м'якості, якщо перевірити виделкою: великий буряк може розваритися і звариися протягом 45 хвилин.

b) Коли буряк достатньо охолоне, розріжте його навпіл, а потім наріжте кожну половину скибочками по ¼ дюйма. Помістити в миску. Додайте заправку. Обережно перемішайте, щоб з'єднати.

c) Скуштуйте спеції. Подавати відразу або охолодженим. Ще раз перемішайте безпосередньо перед подачею.

65. Салат з грейпфрутом, буряком і блакитним сиром

Приготування: 1 порція

ІНГРЕДІЄНТИ:
- ½ пучка крес-салату; викинути грубі стебла
- 1 грейпфрут
- 1 унція блакитного сиру; нарізати невеликими тонкими скибочками
- 2 Варений буряк очищений, крупно натертий
- 4 чайні ложки оливкової олії першого віджиму
- 1 столова ложка бальзамічного оцту
- Крупна сіль за смаком
- Перець крупного помелу за смаком

ІНСТРУКЦІЇ:
a) Розподіліть крес-салат на 2 тарілки для салату і прикрасьте зверху шматочками грейпфрута та сиром.
b) Змішайте буряк, 2 чайні ложки олії та оцту в невеликій мисці та розподіліть між салатами.
c) Салати полийте олією, що залишилася, посоліть і поперчіть.

66. Картопляний салат «Червоний оксамит».

Приготування: 4 порції

ІНГРЕДІЄНТИ:
- 1 кг синьої картоплі
- 200 г буряка
- сіль
- перець
- 2 пучка ріпчастої цибулі
- 250 г сметани
- 5 столових ложок білого винного оцту
- 2 пучка редиски
- ¼ постільний крес
- ¼ буряка

ІНСТРУКЦІЇ:
а) Картоплю і буряк добре промийте і відваріть у великій кількості підсоленої води близько 15 хвилин.

b) Цибулю ріпчасту вимийте, почистіть і наріжте тонкою соломкою.

c) Покладіть ріпчасту цибулю в крижану воду, щоб вона згорнулася.

d) Змішати сметану і оцет — посолити і поперчити.

e) Злийте картоплю, відкладіть, очистіть і наріжте грубими кубиками.

f) Буряк промийте холодною водою, очистіть і наріжте тонкими скибочками.

g) Редьку ретельно вимийте, очистіть і наріжте.

h) Змішайте картоплю, буряк, ріпчасту цибулю та редис із заправкою.

i) Розкласти по мисках. Посипте крес-кресс.

67. Салат з буряка з козячим сиром і волоськими горіхами

Продукти: 4

ІНГРЕДІЄНТИ
2 фунти буряка (червоного, жовтого та/або Chioggie),
обрізаного, стебла та листя зарезервовані
Оливкова олія першого віджиму
Кошерна сіль
½ склянки подрібненого цибулі-шалот (приблизно 2 середніх
цибулі-шалот)
7 столових ложок червоного винного оцту
Чорний свіжозмелений перець
8 унцій свіжого м'якого козячого сиру
3 столові ложки тонко нарізаного свіжого шніт-цибулі
½ склянки борошна універсального призначення
2 великих яйця
1 склянка панірувальних сухарів
Масло виноградних кісточок або інше рослинне масло
1 чашка свіжої петрушки, крупно нарізаної
½ склянки підсмажених волоських горіхів, крупно подрібнених

1. Запечіть буряк. Розігрійте духовку до 450°F. Розкладіть буряк
в один шар у форму для запікання розміром 9 на 13 дюймів.
Додайте стільки води, щоб було до середини буряків.
Збризніть оливковою олією і рясно посипте сіллю. Накрийте
форму для запікання алюмінієвою фольгою і щільно закрийте.
Випікайте буряк від 1 години до 1 години 15 хвилин або поки
він не стане м'яким, якщо його проколоти виделкою.
2. Робимо маринад. Поки буряк запікається, змішайте ¼
склянки цибулі-шалот, 6 столових ложок червоного винного
оцту та ½ чайної ложки солі в середній мисці.
3. Очистіть і замаринуйте буряк. Коли буряк досить охолоне,
але все ще теплий, обережно зітріть його з шкірки паперовим
рушником. Розріжте буряк навпіл або на четвертинки і
перекладіть у велику миску. Приправити сіллю і перцем за
смаком. Залити буряк маринадом; накинути пальто. Дати
постояти 30 хвилин для маринування.

4. Зварити бурякові стебла і листя. Наріжте стебла буряка на 2-дюймові шматочки. Згорніть листя в щільну колоду і наріжте під кутом на довгі смужки шириною 1 дюйм. Розігрійте 1 столову ложку оливкової олії в сковороді на середньому сильному вогні до гарячого стану. Додати стебла і сіль. Варіть, періодично помішуючи, від 3 до 5 хвилин, поки трохи не розм'якне. Додайте листя буряка, приправте сіллю і перцем. Варіть, періодично помішуючи, від 2 до 4 хвилин, поки не зів'яне. Додайте решту 1 столову ложку червоного винного оцту. Зняти з вогню.

5. Сформувати кульки з козячого сиру. Дістаньте козячий сир з холодильника і дайте йому постояти при кімнатній температурі приблизно 10 хвилин, поки він трохи не розм'якне. У мисці змішайте шніт-цибулю, ¼ склянки цибулі-шалот, що залишилася, і козячий сир. Приправте 1 чайною ложкою солі та ½ чайної ложки перцю. Перемішайте до повного поєднання. Сформуйте руками чотири однакові кульки, потім обережно розплющіть кожну в коло товщиною ¼ дюйма. Перекласти пельмені на тарілку.

6. Запаніруйте козячий сир. Насипте борошно в неглибоку миску та приправте сіллю та перцем. Розбийте яйця в неглибоку миску і збийте до однорідності. Розкладіть панірувальні сухарі в іншу неглибоку миску. Працюючи по черзі, ретельно обсипте круглі козячого сиру в борошні; вичавіть надлишки. Змочити обидві сторони в яйцях, дати стекти надлишкам, потім в панірувальних сухарях; натисніть, щоб крихти прилипли. Перекладаємо пельмені на тарілку і накриваємо плівкою; охолодити в холодильнику до смаження.

7. Натріть козячий сир. Безпосередньо перед подачею вийміть кульки з козячого сиру з холодильника. Накрийте тарілку паперовими рушниками. У чавунній сковороді або сотейнику розігрійте тонкий шар олії виноградних кісточок на середньому сильному вогні до гарячого стану. Олія достатньо гаряча, коли кілька хлібних крихт шиплять відразу після додавання на сковороду. Додайте кільця козячого сиру. Готуйте від 2 до 4 хвилин з кожного боку до золотисто-

коричневого кольору та хрусткої скоринки. Перекладіть на тарілку і приправте сіллю і перцем.

8. Завершіть салат і подавайте. До смаженого буряка додати петрушку і волоські горіхи; добре перемішати. Розкладіть зелень (листя), стебла та печений буряк у порційні миски. Зверху кожен покладіть кільце козячого сиру та подавайте.

СТОРОНИ

68. Смажені коренеплоди

реальний: Від 6 до 8 порцій

ІНГРЕДІЄНТИ:

- 3 кілограми буряка нарізати кубиками
- 1 маленька червона цибулина
- ¼ склянки кокосової олії
- 1 ½ чайної ложки кошерної солі
- ¼ чайної ложки свіжомеленого чорного перцю
- 2 столові ложки листя розмарину , подрібнених

ІНСТРУКЦІЇ:

a) Поставте решітку в центр духовки та попередньо розігрійте духовку до 425°F.

b) Викладіть коренеплоди та червону цибулю на деко з обідком. Збризніть ¼ склянки кокосової олії , посипте кошерною сіллю та чорним перцем і перемішайте, щоб рівномірно покрити. Розкласти рівним шаром.

c) Випікати 30 хв.

d) Вийміть деко з духовки, посипте овочі розмарином і перемішайте. Розкладіть назад рівним шаром.

e) Продовжуйте смажити, доки овочі не стануть м'якими та карамелізованими, ще 10–15 хвилин.

69. Буряк у Grand Marnier

Робить: 6 порцій

ІНГРЕДІЄНТИ:

- 6 Буряк, очищений і нарізаний
- 2 столові ложки солодковершкового масла
- 3 столові ложки Grand Marnier
- 1 чайна ложка тертої цедри апельсина

ІНСТРУКЦІЇ:

a) У пароварці над водою варіть буряк під кришкою протягом 25–35 хвилин або до готовності.

b) Освіжіть буряк під холодною водою, очистіть від шкірки та наріжте скибочками ⅜ дюйма.

c) У великій сковороді варіть буряк у вершковому маслі на помірному вогні, помішуючи, протягом 3 хвилин.

d) Перемішати Grand Marnier, апельсинову цедру і сіль за смаком; варіть суміш під кришкою протягом 3 хвилин.

70. Буряк у вершках

Приготування: 4 порції

ІНГРЕДІЄНТИ:

- 16 унцій Банка буряка, осушеного та нарізаного кубиками
- 1 столова ложка яблучного оцту
- ¼ чайної ложки кожного часнику, солі та перцю
- ¼ склянки сметани
- 1 чайна ложка цукру

ІНСТРУКЦІЇ:

a) З'єднайте всі інгредієнти в скляній банці об'ємом 1 кварта. Обережно перемішайте, щоб з'єднати.

b) Розігрійте мікрохвильову піч, накривши кришкою, на високій потужності протягом 3-5 хвилин або поки не нагріється. Перемішуйте кожні 2 хвилини.

c) Залиште під кришкою відпочити 2-3 хвилини перед подачею.

71. червоний оксамит Журавлинний буряк

Спосіб приготування: 6 порцій

ІНГРЕДІЄНТИ:

- 1 банка (16 унцій) нарізаного кубиками буряка, зцідженого
- 1 банка (16 унцій) цілих ягід або желе з журавлинним соусом
- 2 столові ложки апельсинового соку
- 1 чайна ложка тертої цедри апельсина
- 1 дрібка солі

ІНСТРУКЦІЇ:

a) Змішайте всі інгредієнти в каструлі; ретельно нагрійте, періодично помішуючи.

b) Подавайте негайно. Смачно з індичкою або шинкою.

72. <u>червоний оксамит Медовий буряк</u>

Робить: 7 порцій

ІНГРЕДІЄНТИ:

- 6 склянок води
- 1 столова ложка оцту
- 1 чайна ложка солі
- 5 середніх буряків
- 1 середня цибулина, нарізана
- 2 столові ложки маргарину
- 2 ложки меду
- 1 столова ложка лимонного соку
- ½ чайної ложки солі
- ⅛ чайної ложки меленої кориці
- 1 столова ложка подрібненої петрушки

ІНСТРУКЦІЇ:

a) Доведіть воду, оцет і 1 чайну ложку солі до кипіння. Додайте буряк. Тушкуйте до готовності від 35 до 45 хвилин; забрати. Залити буряк холодною водою; очистіть від шкірки і видаліть кінчики коренів. Буряк наріжте шматочками.

b) Готуйте та перемішуйте цибулю в маргарині в 10-дюймовій сковороді на середньому вогні, доки цибуля не розм'якне, приблизно 5 хвилин. Додайте буряк, мед, лимонний сік, ½ чайної ложки солі та корицю.

c) Нагрівайте, періодично помішуючи, поки буряк не стане гарячим, приблизно 5 хвилин.

d) Посипте петрушкою.

73. Печений буряк

Продукти: 4

ІНГРЕДІЄНТИ:
- 1 кілограм свіжого буряка середнього розміру, очищеного від шкірки
- 1/2 чайної ложки кошерної солі
- 8 чайних ложок овочевого бульйону
- 5 гілочок свіжого розмарину

ІНСТРУКЦІЇ:
a) Розігрійте духовку до 400°F.
b) Кожен буряк наріжте скибочками залежно від того, скільки порцій ви хочете. Влити овочевий суп і посолити.
c) Помістіть шматок міцної фольги довжиною 12 дюймів у форму для запікання.
d) Викласти буряк на фольгу і посипати розмарином. Загорніть буряк у фольгу і добре закрийте.
e) Випікайте принаймні 1 годину або поки картопля не стане м'якою.
f) Обережно розкрийте фольгу і дайте вийти парі. Видалити гілочки розмарину. Подавайте та насолоджуйтесь!

ДЕСЕРТ

74. Кекси з червоного оксамиту

Приготування: 24 печива

ІНГРЕДІЄНТИ:
- 2 яєчних білка
- 2 склянки суміші для торта «Червоний оксамит».
- 1 чашка суміші для шоколадного торта
- ¼ склянки настоянки коноплі
- 1 12-унційний пакетик шоколадної стружки
- 1 12-унційна банка лимонно-лаймової соди
- 1 12-унційний контейнер сметанної глазурі

ІНСТРУКЦІЇ:
a) Розігрійте духовку до 350°F.
b) Форму для мафінів вистелити папером для випічки.
c) Змішайте яєчні білки, суміш для торта, настоянку, шоколадну стружку та харчову соду у великій мисці.
d) Добре перемішайте, поки не утвориться однорідна суміш.
e) Вилийте тісто у форми для випічки.
f) Випікати 20 хвилин.
g) Дайте печиву охолонути перед тим, як покрити глазур'ю.

75. <u>Торт з льодом «Червоний оксамит».</u>

Продукти: 6

ІНГРЕДІЄНТИ:
ТОРТ
- 1 ½ склянки цукру
- 1 чайна ложка соди
- ½ склянки Криско
- 1 чайна ложка ванільного екстракту
- 1 стакан пахти
- 2 унції червоного харчового барвника
- 2 ½ склянки борошна для кексів
- 1 чайна ложка солі
- 1 чайна ложка оцту
- 3 чайні ложки какао

ГОЛОД №1
- 1 шматочок вершкового масла
- 8 чайних ложок Криско
- 1 стакан цукру
- 3 чайні ложки борошна
- ⅔ склянки молока
- 1 чайна ложка ванільного екстракту

ГОЛОД №2
- 1 шматочок вершкового масла
- 2 вершкових сиру
- 2 яйця
- 1 коробка Power Sugar

ІНСТРУКЦІЇ:
a) Змішайте всі інгредієнти руками. Не використовуйте електричний міксер.
b) Випікайте при 350 градусах 1 годину 15 хвилин.
c) Дайте йому охолонути протягом 30 хвилин, перш ніж вийняти його з форми.

76. Торт «Червоний оксамит».

Спосіб приготування: 10-12 порцій

ІНГРЕДІЄНТИ:
- 2½ склянки борошна універсального призначення
- 2 чайні ложки несолодкого какао-порошку
- 1 чайна ложка кошерної солі
- 1 чайна ложка соди
- 2 яйця кімнатної температури
- 1½ склянки цукрового піску
- 1½ склянки рослинного масла
- 1 склянка пахти кімнатної температури
- 1½ чайної ложки екстракту ванілі
- 1 чайна ложка дистильованого білого оцту
- 1 унція червоного харчового барвника

ДЛЯ СКЛЕННЯ:
- 16 унцій вершкового сиру, розм'якшеного
- 1 склянка несолоного вершкового масла, розм'якшеного
- 8 склянок цукрової пудри
- 1 столова ложка незбираного молока
- 2 чайні ложки ванільного екстракту

ІНСТРУКЦІЇ:
a) Розігрійте духовку до 325 градусів за Фаренгейтом. Збризніть або змастіть і посипте борошном дві 9-дюймові форми для кексів кулінарним спреєм.

b) У великій мисці змішайте борошно, какао-порошок, сіль і харчову соду і просійте або збийте.

c) У середню миску розбийте яйця і збийте їх віночком. Помістіть цукор, олію, пахту та ваніль у миску та перемішайте ручним міксером на низькій швидкості, поки все не стане приємним і кремовим.

d) Повільно змішайте вологі інгредієнти з сухими інгредієнтами у великій мисці.

e) Додайте оцет і червоний харчовий барвник. Складайте, поки все тісто для печива не стане рум'яним і не залишиться слідів.

f) Налийте рівну кількість тіста для торта в кожну форму. Струсіть та постукайте по контейнерах, щоб випустити бульбашки повітря, потім залиште на 5 хвилин. Випікайте булочки від 25 до 30 хвилин. Вийміть коржі з форм і помістіть їх на решітки для охолодження.

g) Поки печиво остигає, приготуйте глазур. У великій мисці змішайте вершковий сир і масло.

h) збийте два інгредієнти , потім повільно додайте 1 склянку цукрової пудри.

i) Додайте молоко та ваніль і перемішайте, поки глазур не стане приємною кремовою. Коли печиво повністю охолоне, покрийте його глазур'ю.

77. Червоне оксамитове морозиво

Робить: 1 пінта

ІНГРЕДІЄНТИ:
- 1 лист желатину
- 1 стакан молока
- ½ порції соусу Фадж
- 50 г шматочків шоколадного торта
- 35 г какао-порошку
- 2 ложки цукру
- 1 столова ложка глюкози
- 1 столова ложка дистильованого білого оцту
- 1 столова ложка пахти
- 2 чайні ложки червоного харчового барвника
- 1 чайна ложка кошерної солі

ІНСТРУКЦІЇ:

a) Закип'ятіть желатин.

b) Трохи підігрійте молоко і вмішайте в нього желатин, щоб він розчинився.

c) Перемістіть желатинову суміш у блендер, додайте молоко, що залишилося, соус для помадки, шоколадний пиріг, какао-порошок, цукор, глюкозу, оцет, пахту, харчові барвники та сіль і подрібніть до однорідного стану.

d) Перелийте суміш через дрібне сито в мороженицю та заморозьте відповідно до інструкцій виробника.

78. Червоне оксамитове шоколадне печиво

Робить: 21 печиво

ІНГРЕДІЄНТИ
- 1½ склянки борошна універсального призначення
- ¼ чашки какао-порошку
- 1 чайна ложка соди
- ¼ чайної ложки морської солі
- ½ склянки несолоного масла кімнатної температури
- ½ склянки коричневого цукру
- ½ склянки
- 1 яйце кімнатної температури
- 1 столова ложка молока/пахти/натурального йогурту
- 2 чайні ложки ванільного екстракту
- ½ чайної ложки червоного гелевого харчового барвника
- 1 склянка білої або чорної шоколадної стружки

ІНСТРУКЦІЇ:
a) У великій мисці змішайте борошно, какао-порошок, харчову соду та сіль, а потім відкладіть.

b) За допомогою ручного або підставного міксера збийте масло, коричневий цукор і цукровий пісок на високій швидкості до кремоподібного стану приблизно 1-2 хвилини.

c) Потім додайте яйце, молоко, ванільний екстракт і харчовий барвник, потім збийте до повного з'єднання, потім вимкніть міксер.

d) Додайте сухі інгредієнти до вологих інгредієнтів.

e) Увімкніть міксер на низьку швидкість і повільно збивайте, поки не вийде дуже м'яке тісто.

f) Якщо вам потрібно додати більше харчових барвників, сміливо зробіть це зараз.

g) В кінці додайте шматочки шоколаду і збийте їх.

h) Накрийте тісто поліетиленовою плівкою і дайте йому охолонути в холодильнику принаймні на 2 години або на ніч.

i) Після того, як тісто охолоне, дайте йому постояти при кімнатній температурі принаймні 15 хвилин, перш ніж скачати кульки та випікати, оскільки тісто застигне.

j) Розігрійте духовку до 180°C.

k) Вистеліть два великих дека папером для випічки або силіконовими килимками. Відкласти.

l) За допомогою ложки наберіть горбок тіста для печива і скачайте його в кулю.

m) Розкладіть їх у форми, вистелені папером для випічки, і запікайте 11-13 хвилин.

n) Випікати порціями.

o) До теплого печива додайте ще трохи шоколадної стружки.

79. Морозиво з червоного оксамиту

Приготування: 8 бутербродів

ІНГРЕДІЄНТИ:
- 1¾ склянки борошна універсального призначення
- ¼ склянки несолодкого какао
- 1 чайна ложка соди
- 1 чайна ложка солі
- 1 стакан реп'яхової олії
- 1 стакан цукрового піску
- 1 велике яйце
- 3 столові ложки червоного харчового барвника
- 1 чайна ложка чистого екстракту ванілі
- 1½ чайної ложки дистильованого білого оцту
- ½ склянки пахти
- Антипригарний кулінарний спрей
- 1½ літра ванільного морозива
- 2 чашки напівсолодкої шоколадної стружки

ІНСТРУКЦІЇ:
a) Розігрійте вафельницю до середнього рівня.

b) У мисці середнього розміру змішайте борошно, какао, харчову соду та сіль. Відкласти.

c) У чаші штатного міксера або за допомогою ручного електричного міксера у великій мисці збийте олію та цукор на середній швидкості, поки добре не з'єднаються. Збити яйце. Зменшіть міксер до мінімуму та повільно додайте харчовий барвник і ваніль.

d) Змішайте оцет і пахту. Додайте половину цієї масляної суміші у велику миску з олією, цукром і яйцем. Перемішайте, потім додайте половину борошняної суміші.

e) Очистіть миску та перемішайте рівно стільки, щоб переконатися, що не змішане борошно.

f) Додайте решту масляної суміші, перемішайте, щоб з'єднати, потім додайте останню борошняну суміш.

g) Знову перемішайте, рівно стільки, щоб не залишилося недомішаного борошна.

h) Покрийте обидві сторони решітки для вафельниці антипригарним спреєм. Налийте у вафельницю стільки тіста, щоб покрити решітку, закрийте кришку та готуйте, поки вафлі не стануть достатньо твердими, щоб їх можна було виймати з вафельниці, 4 хвилини.

i) Залишити вафлі трохи охолонути на решітці. За допомогою кухонних ножиць або гострого ножа розділіть вафлі на частини.

j) Повторіть, щоб вийшло 16 частин.

k) Поки вафельні частини охолоджуються, поставте морозиво на стіл для розм'якшення на 10 хвилин.

l) Після того, як морозиво розм'якне, розкладіть половину вафельних частин і за допомогою лопатки намажте приблизно 1 дюйм морозива на кожну.

m) Накрийте рештою порцій, щоб вийшло 8 бутербродів. Решту морозива зішкребти гумовою лопаткою, щоб вирівняти краї.

n) Потім занурте краї морозива в миску або неглибоке блюдо, наповнене маленькою шоколадною стружкою.

o) Щільно загорніть кожен бутерброд у поліетиленову плівку, покладіть у пакет на блискавці та поставте пакет у морозильну камеру принаймні на 1 годину, щоб морозиво затверділо.

p) Вийміть бутерброд за кілька хвилин до подачі, щоб він трохи розм'якшився.

80. Міні-чізкейки з червоного оксамиту

Готує: 22-24 сирників

ІНГРЕДІЄНТИ
ПРОШАР ПЕЧИВА ЧЕРВОНИЙ ОКСАМИТ
● 1 і ½ склянки + 1 столова ложка борошна універсального призначення
● ¼ чашки несолодкого какао-порошку
● 1 чайна ложка соди
● ¼ чайної ложки солі
● ½ склянки несолоного вершкового масла, розм'якшеного при кімнатній температурі
● ¾ склянки упакованого світлого або темно-коричневого цукру
● ¼ склянки цукрового піску
● 1 яйце кімнатної температури
● 1 столова ложка молока
● 2 чайні ложки чистого екстракту ванілі
● 1 столова ложка червоного харчового барвника
СИРНИЙ ПРОШАР
● 12 унцій вершкового сиру, розм'якшеного при кімнатній температурі
● 2 столові ложки йогурту
● ⅓ склянки цукрового піску
● 1 велике яйце кімнатної температури
● 1 чайна ложка чистого екстракту ванілі
● ½ чашки міні або звичайної напівсолодкої шоколадної стружки

ІНСТРУКЦІЇ:
a) Розігрійте духовку до 350°F.
b) Вистеліть дві форми для кексів на 12 шматочків коржами. Відкласти.
c) Зробіть шар печива з червоного оксамиту: змішайте борошно, какао-порошок, харчову соду та сіль у великій мисці. Відкласти.

d) За допомогою ручного або підставного міксера з насадкою збийте масло на високій швидкості до кремоподібного стану приблизно 1 хвилину.

e) Якщо необхідно, почистіть стінки та дно чаші.

f) Увімкніть міксер на середню швидкість і збийте коричневий цукор і цукровий пісок до однорідності.

g) Збийте разом яйце, молоко та ванільний екстракт, за потреби очищаючи стінки та дно миски.

h) Після перемішування додайте харчовий барвник і збивайте до однорідності.

i) Вимкніть міксер і всипте сухі інгредієнти у вологі. Увімкніть міксер і повільно збивайте, поки не вийде дуже м'яке тісто.

j) Якщо хочете, щоб тісто було більш рум'яним, додайте більше харчового барвника. Тісто буде липким.

k) Викладіть 1 маленьку столову ложку тіста для печива на дно кожної форми для кексів. Я кажу «мало», тому що інакше вам не вистачить, щоб приготувати 22-24 міні чізкейка. Випікайте кожну партію протягом 8 хвилин, щоб попередньо запекти скоринку, перш ніж викладати чізкейк зверху.

l) Зробіть шар чізкейку: за допомогою ручного або підставного міксера з насадкою збийте вершковий сир на середньому рівні до однорідності.

m)   Додайте йогурт і цукор, сильно збиваючи до однорідності.

n) Додайте яйце та ваніль і збивайте на середньому рівні до з'єднання.

o) Акуратно вмішайте шматочки шоколаду. Покладіть 1 столову ложку тіста для чізкейку на попередньо випечене печиво, розподіливши його так, щоб воно повністю покривало печиво.

p) Поверніть міні-сирники в духовку і продовжуйте випікати ще 20 хвилин.

q) Накрийте чашки алюмінієвою фольгою, якщо верхівка підрум'яниться занадто швидко.

r) Залиште охолоджуватися на столі протягом 30 хвилин, потім у холодильнику ще на 1,5 години.

s) Форми для печива залишаються свіжими та закритими при кімнатній температурі протягом 12-24 годин, а потім їх потрібно зберігати в холодильнику ще на 3 дні.

81. Червоні оксамитові мафіни з вершковим сиром

Приготування: 12 мафінів

ІНГРЕДІЄНТИ
ЗАПРАВКА З КРИХТ
- ½ склянки цукрового піску
- ¼ склянки борошна універсального призначення
- 2 столові ложки несоленого вершкового масла

СУМІШ ВЕРШКОВОГО СИРУ
- 4 унції розм'якшеного вершкового сиру
- ¼ склянки цукрового піску
- ½ чайної ложки екстракту ванілі

МАФФІНИ
- 1 ¼ склянки борошна універсального призначення
- ½ склянки цукрового піску
- 2 чайні ложки розпушувача
- ½ чайної ложки солі
- 1 велике яйце
- ½ склянки рослинного масла
- ⅓ склянки молока
- 2 столові ложки несолодкого какао-порошку
- 2 чайні ложки червоного харчового барвника

ІНСТРУКЦІЯ
a) Розігрійте духовку до 375°F.

b) Підготуйте форму для мафінів, вистеливши її плівкою або збризнувши антипригарним спреєм.

ЗАПРАВКА З КРИХТ
c) Додайте борошно, цукор і масло в середню миску. Наріжте масло виделкою, поки не утвориться крупна крихта.

СУМІШ ВЕРШКОВОГО СИРУ
d) В іншій мисці змішайте вершковий сир, цукор і ваніль до однорідності.

МАФФІНИ
e) Додайте борошно, розпушувач і сіль у чашу міксера та збивайте до однорідності.

f) Додайте яйце, олію, молоко, какао-порошок і червоний харчовий барвник і перемішуйте, поки суміш не з'єднається.

g) Додайте суміш вершкового сиру в тісто для мафінів, обережно, щоб не перемішати.

h) Викладіть тісто в підготовлені формочки для мафінів, заповнюючи кожну приблизно на ⅔.

i) Рівномірно посипте кожен мафін крихтою.

j) Випікайте при 375°F протягом 17-19 хвилин або поки зубочистка, вставлена в центр, не вийде чистою.

k) Дайте мафінам охолонути на сковороді приблизно 10 хвилин, потім перемістіть їх на решітку для повного охолодження.

82. Червоний оксамит малиновий торт

Спосіб приготування: 12 порцій

ІНГРЕДІЄНТИ

- 1 лист охолодженого тіста для пирога
- 1 великий яєчний білок, злегка збитий
- ¼ склянки малинового варення без кісточок
- ⅔ склянки розм'якшеного вершкового масла
- ¾ склянки цукру
- 3 великих яйця
- 1 великий жовток
- 1 столова ложка какао для запікання
- 2 чайні ложки червоного харчового барвника
- 1 склянка меленого мигдалю
- глазур

ІНСТРУКЦІЯ

a) Розігрійте духовку до 350°. Розгорніть лист тіста в 9-дюймовий лист. ребриста форма для торта зі знімним дном; обрізати рівно з краєм. Заморозити на 10 хвилин.

b) Накрийте тісто фольгою подвійної товщини. Наповніть масою для пирогів, сухою квасолею або сирим рисом. Випікайте 12-15 хвилин або поки краї не стануть золотисто-коричневими.

c) Зняти фольгу і грузики; змастіть нижню частину коржа яєчним білком. Випікайте ще 6-8 хвилин або до золотисто-коричневого кольору. Остудіть на решітці.

d) Нижню частину коржа змастити варенням. У мисці змішайте вершкове масло та цукор до легкої та пишної маси. Поступово додайте яйця, жовток, какао та харчовий барвник. Додати мелений мигдаль. Викласти поверх варення.

e) Випікайте 30-35 хвилин або поки начинка не застигне. Повністю остудіть на решітці.

f) Змішайте кондитерський цукор і воду в невеликій мисці та витягніть до однорідності; збризніть або полийте пиріг. Охолодіть залишки.

83. Суфле з червоного оксамиту

Робить: 6 порцій

ІНГРЕДІЄНТИ
- 1 столова ложка вершкового масла
- 3 столові ложки цукрового піску
- 4 унції гірко-солодкого шоколаду, нарізаного
- 5 великих яєць, розділених
- ⅓ склянки цукрового піску
- 3 столові ложки молока
- 1 столова ложка червоного рідкого харчового барвника
- 1 чайна ложка ванільного екстракту
- Щіпка солі
- 2 столові ложки цукрового піску
- Цукрова пудра
- Збита сметана

ІНСТРУКЦІЯ
k) Розігрійте духовку до 350°.

l) Дно та боки рамекіна змастіть маслом.

m) Злегка посипати 3 столовими ложками цукру, струсити надлишки. Викласти на деко.

n) Розігрійте шоколад у великій мисці, придатній для мікрохвильової печі, на ВИСОКОМУ режимі від 1 хвилини до 1 хвилини 15 секунд або доки він не розтане, помішуючи з інтервалом у 30 секунд.

o) Змішайте 4 яєчні жовтки, ⅓ склянки цукру та наступні 3 інгредієнти.

p) Збити 5 яєчних білків і сіль потужним електричним міксером до утворення піни.

q) Поступово додайте 2 столові ложки цукру, збиваючи до утворення міцних піків.

r) Змішайте яєчну білкову суміш з шоколадною сумішшю, по одній третині за раз.

s) Ложкою викласти в підготовлені рамекіни.

t) Проведіть кінчиком великого пальця по краях рамекінів, витріть і зробіть неглибокі поглиблення навколо країв суміші.

u) Випікайте при 350° протягом 20-24 хвилин або поки суфле не підніметься і не застигне.

v) Посипати цукровою пудрою; подавайте відразу зі збитими вершками.

84. Мус для чізкейку «Червоний оксамит».

Продукти: 3

ІНГРЕДІЄНТИ
- 6 унцій розм'якшеного вершкового сиру
- ½ склянки жирних вершків
- 2 столові ложки жирної сметани
- ⅓ склянки порошкоподібного підсолоджувача з низьким вмістом вуглеводів
- 1 ½ чайної ложки екстракту ванілі
- 1 ½ чайної ложки какао-порошку
- ½ чайної ложки до 1 чайної ложки натурального червоного харчового барвника залежно від того, чи хочете ви червоний замість рожевого
- Збиті вершки, підсолоджені стевією
- Шоколадна стружка без цукру, тертий кето-шоколад

ІНСТРУКЦІЯ
a) У велику миску за допомогою електричного ручного або підставного міксера додайте розм'якшений вершковий сир, жирні вершки, сметану, порошкоподібний підсолоджувач і ванільний екстракт.

b) 6 унцій блоків вершкового сиру, ½ склянки жирних вершків, ⅓ склянки порошкоподібного підсолоджувача з низьким вмістом вуглеводів, 1 ½ чайної ложки ванільного екстракту, 2 столові ложки сметани

c) Змішуйте на слабкому рівні протягом однієї хвилини, потім на середньому протягом кількох хвилин, поки маса не стане густою, кремоподібною та ретельно перемішаною.

d) Додайте какао-порошок і перемішайте на високій потужності до однорідності, зішкребши гумовим скребком по боках, щоб ретельно перемішати.

e) 1 ½ чайної ложки какао-порошку

f) Додайте червоний харчовий барвник і перемішайте до однорідності або консистенції пудингу.

g) ½ чайної ложки до 1 чайної ложки натурального червоного харчового барвника

h) Викладіть мус ложкою або використовуйте кондитерський мішок у маленьку десертну склянку або миску.

i) Прикрасьте трохи збитих вершків без цукру та, за бажанням, трохи тертого шоколаду без цукру. Подавайте

j) Збиті вершки, підсолоджені стевією, шоколадна стружка без цукру

85. Червоний оксамит - Беррі Коблер

Приготування: 6-8 порцій

ІНГРЕДІЄНТИ

- 1 столова ложка кукурудзяного крохмалю
- 1 ¼ склянки цукру, розділити
- 6 склянок різних свіжих ягід
- ½ склянки розм'якшеного вершкового масла
- 2 великих яйця
- 2 столові ложки червоного рідкого харчового барвника
- 1 чайна ложка ванільного екстракту
- 1 ¼ склянки борошна універсального призначення
- 1 ½ столової ложки несолодкого какао
- ¼ чайної ложки солі
- ½ склянки пахти
- 1 ½ чайної ложки білого оцту
- ½ чайної ложки харчової соди

ІНСТРУКЦІЯ

a) Розігрійте духовку до 350°. Змішайте кукурудзяний крохмаль і ½ склянки цукру.

b) Змішайте ягоди з кукурудзяним крохмалем і викладіть ложкою в злегка змащену маслом форму для випічки 11 x 7 дюймів.

c) Збити масло на середній швидкості електричним міксером до пишності; поступово додайте решту ¾ склянки цукру, добре збиваючи.

d) Додайте яйця, по 1 за раз, збиваючи до поєднання після кожного додавання.

e) Перемішайте червоний харчовий барвник і ваніль до однорідності.

f) Змішати борошно, какао і сіль. Змішайте пахту, оцет і харчову соду в мірній чашці для рідини на 2 склянки.

g) Додайте борошняну суміш до масляної суміші по черзі з пахтою, починаючи і закінчуючи борошняною сумішшю.

h) Після кожного додавання збивайте на низькій швидкості до однорідності.

i) Ложкою викласти тісто на ягідну суміш.

j) Випікайте при 350° протягом 45-50 хвилин або доки дерев'яна шпажка, вставлена в центр начинки, не вийде чистою. Остудіть на решітці 10 хвилин.

86. Фруктовий торт «Червоний оксамит».

Приготування: 3 порції

ІНГРЕДІЄНТИ
- 200 грам майди
- 220 грамів цукрової пудри
- 1 столова ложка какао-порошку
- 150 мл рослинного масла
- 250 мл пахти
- 1 чайна ложка розпушувача
- ½ чайної ложки харчової соди
- ¼ чайної ложки солі
- ½ чайної ложки оцту
- 1 столова ложка ванільної есенції
- ½ склянки жирних вершків

ДЛЯ ДЕКОРАЦІЇ:
- Шоколадне мистецтво
- Ківі і виноград
- Мед
- Солодкі дорогоцінні камені

ІНСТРУКЦІЯ
a) Додайте всі перераховані вище сухі інгредієнти в миску і пасеруйте їх, щоб не було грудочок.

b) Тепер додайте пахту, рослинне масло, ванільний ароматизатор і бурякову пасту і добре перемішайте, щоб вийшло однорідне тісто.

c) В кінці додайте оцет і добре перемішайте.

d) Візьміть 16-дюймову форму для кексів і змастіть форми для кексів олією та борошном з Maida,

e) вилити в них тісто порівну.

f) Розігрійте мікрохвильову піч при 180°C протягом 10 хвилин. Випікайте їх у розігрітій мікрохвильовій печі 20-25 хвилин або до готовності залежно від вашої мікрохвильової печі.

g) Збивайте вершки 3-4 хвилини і дайте їм застигнути.

h) Наріжте ківі і виноград.

i) Після випічки дати охолонути і вийняти форму.

j) Змастіть обидва тістечка збитими вершками і прикрасьте їх коштовностями, шоколадом, нарізаними фруктами і, нарешті, медом.

87. Червоний оксамитовий бісквіт

Робить: 10 порцій

ІНГРЕДІЄНТИ:

- 2 склянки борошна, що самостійно розростається
- ½ чайної ложки винного каменю
- ⅛ чайної ложки солі
- 1 столова ложка несолодкого какао-порошку
- 2 столові ложки цукрового піску
- ¾ склянки холодної пахти
- ½ склянки холодного несолоного масла, нарізаного шматочками
- ¼ склянки овочевого жиру зі смаком вершкового масла
- 1 чайна ложка ванільного екстракту
- ½ унції червоного харчового барвника

ІНСТРУКЦІЇ:

a) Змішайте борошно, що самостійно розростається, сіль, какао-порошок, цукор і винний камінь у великій мисці.

b) Просійте або змішайте інгредієнти до повного з'єднання.

c) Додайте всі сухі інгредієнти в чашу міксера.

d) Додайте вершкове масло, жир, пахту та харчові барвники.

e) Увімкніть міксер і дайте інгредієнтам змішатися на середній швидкості до отримання червоної суміші.

f) Коли тісто сформовано, розрівняйте його качалкою на злегка присипаній борошном плоскій поверхні.

g) Виріжте печиво за допомогою жерстяної кришки, формочки або форми для печива.

h) Викладіть печиво у форму для випічки.

i) Випікайте печиво при 400 F, 12-15 хвилин.

j) Коли вони будуть готові, ще теплі бісквіти змастіть або натріть маслом.

88. Червоний оксамит макаронс

Кількість: 18 макарон

ІНГРЕДІЄНТИ

- ½ склянки + 2 столові ложки дрібного мигдального борошна, бланшованого
- ½ склянки цукрової пудри
- 1 чайна ложка несолодкого какао-порошку
- 2 більших яєчних білка
- щіпка винного каменю
- ¼ склянки + 1 чайна ложка цукрового піску
- червоний гелевий харчовий барвник
- Глазур з вершкового сиру

ІНСТРУКЦІЯ

a) Просійте мигдальне борошно, цукрову пудру та несолодкий какао-порошок у велику миску та відставте.

b) Додайте яєчні білки в чашу штатного міксера з віночком і перемішуйте на середній швидкості, поки поверхня яєчних білків не покриється маленькими бульбашками.

c) Додайте щіпку винного каменю та продовжуйте змішувати, поки не досягнете м'яких піків.

d) Потім поступово додайте цукровий пісок і перемішуйте на середній швидкості протягом 30 секунд. Збільште швидкість змішування до середньо-високої. Продовжуйте змішувати, поки не утворяться жорсткі глянцеві піки.

e) У цей момент додайте червоний гелевий харчовий барвник. Це буде додано під час наступного кроку.

f) Додайте сухі інгредієнти до меренги та згорніть круговими рухами, доки товста стрічка тіста не потече з лопатки безперервною цівкою, коли її підняти.

g) Вилийте тісто у великий кондитерський мішок із середнім круглим наконечником і викладіть 1¼ дюйма на підготовлені листи для випікання, відстань між ними приблизно 1 дюйм.

h) Кілька разів міцно постукайте сковорідками по робочій поверхні, щоб випустити бульбашки повітря, а потім за допомогою зубочистки або шила видаліть бульбашки повітря, що залишилися, що піднімаються на поверхню.

i) Дайте макаронам відпочити 30 хвилин або поки на них не з'явиться шкірка.

j) Поки макаронси відпочивають, розігрійте духовку до 315 F / 157 C.

k) Випікайте по одному листу макаронс на середній решітці в духовці протягом 15-18 хвилин і переверніть деко наполовину.

l) Вийміть з духовки та дайте макаронам охолонути на сковороді приблизно 15 хвилин, потім обережно вийміть їх з основи.

m) З'єднайте шкаралупи, а потім намажте шматочок вершкового сиру на одну макаронну шкаралупу. Злегка натисніть на другу оболонку поверх глазурі, щоб зробити бутерброд.

n) За бажанням покрийте невеликою кількістю білого шоколаду та подрібніть дві шкаралупи макаронів, які використовуватимете як прикрасу.

o) Покладіть готові макаронси в герметичну ємність і залиште в холодильнику на ніч, потім залиште при кімнатній температурі і насолоджуйтеся!

89. Пиріг із коробки з льодом із червоного оксамиту

Виходи: 8 шт

ІНГРЕДІЄНТИ

- 2 склянки подрібнених шоколадних вафель або шоколадних крекерів Грем
- ½ склянки розтопленого масла
- ¼ склянки цукрового піску
- Упаковка для печива Oreo Червоний оксамит 12,2 унції
- 8 унцій вершкового сиру, розм'якшеного
- 3,4 унції суміші сирного пудингу швидкого приготування
- 2 склянки незбираного молока або половина
- 8 унцій замороженої збитої начинки

ІНСТРУКЦІЯ

a) Розігрійте духовку до 375°F. Злегка збризніть 9-дюймову тарілку для пирога кулінарним спреєм.

b) Змішайте бісквітну крихту, масло та цукор у невеликій мисці. Добре перемішайте, потім натисніть на дно та боки тарілки. Випікайте 15 хвилин або поки не застигне. Повністю остудити.

c) Залиште 5 цілих печива для прикраси, а решту помістіть у пластиковий пакет, який можна закривати.

d) Подрібніть печиво. Відкласти.

e) У середній мисці змішайте вершковий сир, суміш для пудингу та молоко за допомогою міксера. Збивайте протягом 2-3 хвилин або поки суміш не стане кремовою, пухкою та гладкою.

f) Вручну вмішайте в начинку збитий топінг і подрібнене печиво. Викласти в остиглий корж.

g) Прикрасьте верх залишками збитої начинки та цілим печивом за бажанням.

h) Охолодіть принаймні 4 години перед подачею.

90. Червоний оксамитовий буряковий пиріг

Спосіб приготування: 10 порцій

ІНГРЕДІЄНТИ:

- 1 чашка олії Crisco
- ½ склянки вершкового масла, розтопленого
- 3 яйця
- 2 склянки цукру
- 2½ склянки борошна
- 2 чайні ложки кориці
- 2 чайні ложки харчової соди
- 1 чайна ложка солі
- 2 чайні ложки ваніліну
- 1 склянка гарвардського буряка
- ½ склянки вершкового сиру
- 1 склянка подрібненого ананаса, зцідженого
- 1 склянка подрібнених волоських горіхів
- ½ склянки кокоса

ІНСТРУКЦІЇ:

a) Змішайте олію, масло, яйця і цукор.

b) Додайте борошно, корицю, соду і сіль.

c) Додати ваніль, буряк, сир, ананас, волоські горіхи і кокос.

d) Вилийте в каструлю 9x13 дюймів.

e) Випікати при 350 40-45 хвилин. Подавайте зі збитими вершками.

91. Гратен з ріпи

Робить: 4 порції

ІНГРЕДІЄНТИ:
● 4 склянки нарізаного буряка (як червоного, так і жовтого), нарізаного товщиною ½ дюйма
● 1 склянка тонко нарізаної цибулі
● 2 склянки приправлених сухарів
● 3 столові ложки вершкового масла
● Оливкова олія, для поливання
● Пармезан, для посипання
● Креольська приправа, для посипання
● Сіль і білий перець

ІНСТРУКЦІЇ:
a) Розігрійте духовку до 375 градусів за Фаренгейтом. У змащену маслом гратену або щільну форму для запікання викладіть буряк, цибулю та половину панірувальних сухарів, змастивши кожен шар маслом і приправивши кожен шар оливковою олією, пармезаном, креольською приправою, сіллю та перцем, смакувати.

b) Завершіть зверху шаром панірувальних сухарів. Випікайте під кришкою 45 хвилин. Відкрийте кришку та продовжуйте випікати ще 15 хвилин, або поки верх не стане золотисто-коричневим і пухирчастим. Подавати прямо з блюда.

92. Суфле із зеленого буряка

Приготування: 1 суфле

ІНГРЕДІЄНТИ:

- 3 ложки сиру пармезан; тертий
- 2 середніх ріпи; відварені і очищені від шкірки
- 2 столові ложки вершкового масла
- 2 столові ложки борошна
- ¾ склянки курячого бульйону; гарячий
- 1 стакан бурякової зелені; тушковані
- ½ склянки сиру Чеддер; тертий
- 3 яєчних жовтки
- 4 яєчних білка

ІНСТРУКЦІЇ:

a) Вершкове масло 1 qt. форма для суфле; посипати пармезаном. Варений буряк наріжте кружечками і застеліть нею дно форми для суфле.

b) У невеликій мисці розтопіть вершкове масло, додайте борошно, додайте гарячий суп і продовжуйте варити, поки він трохи не загусне, потім перекладіть у більшу миску. Зелень буряка крупно наріжте і додайте в соус разом із сиром чеддер.

c) В окремій мисці збийте жовтки; змішайте їх із буряково-зеленою сумішшю. Збити яєчні білки до піків. Скласти в миску до інших інгредієнтів; добре перемішати. Перекласти все в змащену маслом форму для суфле. Посипаємо пармезаном.

d) Випікайте при температурі 350 F протягом 30 хвилин або поки суфле не набухне та не стане золотистим.

93. червоний оксамит Буряковий мус

Приготування: 1 порція

ІНГРЕДІЄНТИ:

- 3 середніх ріпи; Приготовані на шкірі
- 2½ склянки курячого бульйону
- 2 пачки желатину без смаку
- 1 склянка йогурту без смаку
- 2 столові ложки соку лимона або лайма
- 1 невелика терта цибулина
- 1 столова ложка цукру
- 1 столова ложка гірчиці
- Сіль і перець; смак

ІНСТРУКЦІЇ:

a) Очистіть і наріжте кубиками буряк.

b) Помістіть желатин у ємність із 6 т води та перемішайте. Дайте постояти 2 хвилини і влийте гарячий курячий бульйон, помішуючи.

c) Змішайте всі інгредієнти, крім желатину. Правильна приправа.

d) Додайте охолоджений желатин і просто перемішайте.

e) Розлийте в змащену олією форму, щоб застигнути. 6. Вийміть форму та подавайте в середині тарілки в оточенні курячого салату карі або салату з креветками

94. Хліб з буряковими горіхами

Робить: 1 порція

ІНГРЕДІЄНТИ:

- ¾ склянки жиру
- 1 стакан цукру
- 4 яйця
- 2 чайні ложки ваніліну
- 2 склянки нарізаного буряка
- 3 склянки борошна
- 2 чайні ложки розпушувача
- 1 чайна ложка соди
- ½ чайної ложки кориці
- ¼ чайної ложки меленого мускатного горіха
- 1 склянка подрібнених волоських горіхів

ІНСТРУКЦІЇ:

a) Збити масло і цукор до легкої і пишної маси. Змішати яйця і ваніль. Вмішайте буряк.

b) Додати змішані сухі інгредієнти; добре перемішати. Перемішати волоські горіхи.

c) Викладіть у змащену маслом і присипану борошном форму для випічки 9х5 дюймів.

d) Випікати при 350'F. 60-70 хвилин або поки дерев'яна зубочистка, вставлена в центр, не вийде чистою.

e) Остудити 10 хвилин; вийняти з контейнера.

КОКТЕЙЛІ ТА СМУЗІ

95. червоний оксамит Торт Мартіні

Продукти: 2

ІНГРЕДІЄНТИ:
- 2 унції тортової горілки
- 1 унція Creme de Cacao
- ½ унції ванільної горілки
- ½ унції збитої горілки
- ¼ унції Aperol
- ½ унції гренадину
- ¼ чайної ложки цукрової пудри

ІНСТРУКЦІЇ:
a) Відміряйте горілку для торта, какао-крем, ванільну горілку, збиту горілку, апероль, гренадин, цукрову пудру та лід у шейкер для коктейлів.
b) Збовтайте, доки добре не змішується.
c) Процідіть рівномірно в дві склянки.
d) Подавайте.

96. Червоний оксамит мокіто коктейль

Продукти: 5

ІНГРЕДІЄНТИ:
- 1 склянка кип'яченої води
- 5 чайних ложок листя чаю Червоний оксамит
- 5 листочків м'яти
- 2 столові ложки нектару агави
- 4 столові ложки свіжого соку лайма
- 3 склянки газованої води
- Ром Бакарді

ІНСТРУКЦІЇ:
a) Чай залити 200 мл кип'яченої води на п'ять хвилин.
b) Вийміть чайний пакетик або процідіть, якщо він вільний, і поставте в холодильник для охолодження.
c) З'єднайте всі інгредієнти. Подавайте з льодом і прикрасьте м'ятою та лаймом.

97. Червоний оксамитовий шоколадний коктейль

Приготування: 1 коктейль

ІНГРЕДІЄНТИ:
- ¼ склянки лікеру з білого шоколаду
- 1½ унції горілки
- 1 унція гренадину
- ½ склянки молока
- глазур з вершкового сиру, щоб обрамити келих
- червоні плями для краю скла

ІНСТРУКЦІЇ:
a) Покрийте склянку глазур'ю з вершкового сиру, а зверху посипте червоною посипкою або червоними оксамитовими крихтами печива.

b) Додайте лід у шейкер.

c) Додайте всі інгредієнти в шейкер і добре струсіть.

d) Після перемішування перелийте вміст шейкера в склянку.

e) Подавайте та насолоджуйтесь!

98. Коктейль «Червоний оксамит».

Робить: 1 порція

ІНГРЕДІЄНТИ:
- 2 великі полуниці, очищені та нарізані скибочками
- 1 ½ унції горілки Червоний оксамит
- 1 крапля лимонного соку
- 3-5 унцій соди за смаком
- Свіжа полуниця, для прикраси

ІНСТРУКЦІЇ:
a) Додайте скибочки полуниці в шейкер. Добре струсити.
b) Додати горілку і лимонний сік. Наповніть шейкер льодом і добре струсіть.
c) Процідіть в охолоджений стакан хайбол, наповнений свіжим льодом.
d) Зверху посипати содою.
e) Прикрасити полуницею. Подавайте та насолоджуйтесь.

99. Червоний оксамитовий смузі

Продукти: 2

ІНГРЕДІЄНТИ:
- 1 чашка замороженого манго або 2 банана
- 1 маленька відварена і очищена від шкірки буряк
- 3 столові ложки какао-порошку
- 1,5 склянки молока на вибір або смак
- 3 фініки без кісточок

ІНСТРУКЦІЇ:
a) Додайте всі інгредієнти в блендер. Перемішайте до однорідності.

b) смак. Додайте більше фініків або манго для бажаної солодкості.

c) Додайте більше молока для бажаної консистенції. Перемішайте ще раз і відразу насолоджуйтесь.

100. Червоний оксамит Смузі з буряка та банана

Продукти: 1

ІНГРЕДІЄНТИ
- 1 заморожений банан
- 1 чашка мигдального молока
- 1 стакан заморожених ягід
- ½ відвареної і очищеної від шкірки буряка
- 2 столові ложки какао-порошку
- 1 столова ложка кленового сиропу/кокосового цукру

ІНСТРУКЦІЯ
a) Додайте інгредієнти Додайте всі інгредієнти в блендер.
b) Змішайте все до однорідності, перелийте в келих і насолоджуйтеся!

ВИСНОВОК

Червоний оксамит названий так тому, що він має оксамитову або гладку структуру. Хороший рецепт торта «Червоний оксамит» вимагає певної кількості какао, пахти та білого оцту, що надає йому унікального смаку, це не просто звичайний рецепт харчових барвників. Крім того, оригінальний червоний оксамит виготовлявся з глазур'ю з кип'яченого молока, а не з огидно важкою та надто солодкою глазур'ю з вершкового сиру, яка зазвичай використовується зараз. Глазур з кип'яченого молока — це щось середнє між збитими вершками та масляним кремом, а добре приготований торт «Червоний оксамит» має ніжний і божественний смак і текстуру.

Спробуйте сьогодні ці рецепти, натхненні червоним оксамитом; це точно зробить будь-який стіл блискучим, і це такий простий спосіб справити враження.

9 781835 315057